이순신,
옛 그림으로
읽다

이순신, 옛 그림으로 읽다

2022년 11월 05일 초판 1쇄 찍음
2022년 11월 10일 초판 1쇄 펴냄

지은이   이상
펴낸이   이상
펴낸곳   가갸날
주소   경기도 고양시 일산동구 강선로 49, BYC 402호
전화   070.8806.4062
팩스   0303.3443.4062
이메일   gagyapub@naver.com
블로그   blog.naver.com/gagyapub
페이지   www.facebook.com/gagyapub
디자인   노성일

ISBN   979-11-87949-88-6 (03910)

이순신, 옛 그림으로 읽다

이상 지음

가갸날

우리는 이순신을 얼마나 잘 알고 있을까? 거북선을 발명해 일본
군을 물리친 장수라는 정도는 웬만해서는 모를 리 없다. 학교 다니며
귀에 못이 박히도록 듣고 또 들었을 것이다. 이순신은 우리가 호주머
니 속에 넣고 다니며 늘상 사용하던 화폐 속의 인물이다. 이순신의
초상이나 거북선이 들어간 화폐가 그동안 십여 차례나 발행되었으
며, 지금도 백 원짜리 주화가 유통되고 있다.

문제는 거기서부터 비롯된다. 그토록 친숙한 이순신의 얼굴이
바뀌려 하고 있다. 화폐 속의 인물 도안은 국가에서 제정한 표준 영
정을 바탕으로 한다. 그런데 이순신의 표준 영정을 그린 화가의 친일
행적이 드러나면서 지정 해제 촉구가 잇따르게 되었다. 표준 영정의
복식 고증이 엉터리라는 게 밝혀지면서 논란은 더욱 확산되었다.

사실 더욱 중요한 것은 표준 영정 속의 이순신 얼굴이 실제 얼굴
에 부합하느냐일 것이다. 숱한 화가들이 이순신의 초상을 그렸지만

모두 제각각이다. 표준 영정 후보에 올랐던 그림은 모두 상상화이다. 물론 나름의 근거는 있다. 유성룡이 묘사한 '용모가 단아했으며, 몸과 마음을 닦아 근신하는 선비와 같았다'는 표현이 그것이다.

선비 같았다는 말에 지나치게 경도된 탓일까? 이순신은 무장이 아니라 후덕한 문인이 되고 말았다. 《난중일기》를 읽어본 사람이라면 이순신이 얼마나 병치레에 시달리고 불면의 나날을 보내야 했으며, 역병이 창궐하는 속에서 기본적인 의식주마저 해결하기 어려웠는지 알 수 있다. 최전선에서 풍찬노숙하며 고뇌하는 장수의 모습은 어디로 간 것일까? 남다른 담력을 지녔던 의병장 김덕령에 대해서도 '선비 같은 단아한 풍모'라는 표현이 보인다. 이 같은 표현은 관용적 표현으로 얼굴보다는 언행을 묘사한 것이라는 주장이 있다.

이순신의 얼굴은 정말 후덕하고 단아한 선비 같았을까? 이순신과 같은 해에 무과에 합격한 고상안이라는 사람이 있다. 고상안은 한산도 진중으로 이순신을 찾아간 적이 있는데, 이순신에 대해 '말솜씨와 지략은 난리를 평정할 만하나, 얼굴이 풍만하거나 후덕하지 않고 입술이 뒤집혀 복있는 장수는 아니'라는 기록을 남겼다. 이순신 집안과 사돈 관계였던 윤휴는 '체구가 크고 용맹하며 붉은 수염을 지닌 담력 있는 사람'이라고 이순신을 묘사하였다. 우리가 익히 보아온 이순신의 얼굴과는 사뭇 다른 무인의 모습이 떠오른다.

사실 이 모든 논란은 이순신의 초상이 전하지 않기 때문이다. 이순신이 전사한 다음 남해안 몇 곳에 이순신 사당이 세워졌으니 의당 그의 초상도 안치되었을 것이다. 결국 보관이며 관리가 제대로 안 된 것이다. 그만큼 이순신은 제대로 된 대접을 받지 못했다. 정조를 빼고는 이순신을 온당하게 평가하고 대접해 준 사람이 없다. 세월이 흐르면서 이순신은 사람들의 뇌리 속에서 잊혀져갔다. 그가 다시 부활하는 것은 한말이 되어서였다. 일본에 국권을 상실할 위기에 처해서야 이순신을 다시 주목하기 시작한 것이다.

1908년에 신채호가 《수군제일위인 이순신전》이라는 책을 펴낸 이래 박은식, 이윤재, 이광수 등의 이순신 전기가 뒤따랐다. 이런 속에서 이순신은 국난 극복의 상징 인물로 대중들에게 널리 알려지게 되었다. 1930년대 초에 이순신의 묘소를 포함한 땅이 경매에 넘겨져 일본인에게 팔릴 위기에 처한 일이 있었다. 곧바로 이충무공유적보존회가 조직되고, 2만여 명이 성금 모금에 참여하였다. 빚을 모두 갚고 남은 돈으로 현충사를 중건할 수 있었다. 현충사는 흥선대원군의 서원 철폐령에 의해 철거되는 수난을 이겨내고 민초들의 힘으로 다시 복구되었던 것이다.

그런데 신채호의 작업보다 16년이 빠른 1892년에 세상에 나온 이순신 전기가 있다는 사실을 아는 사람은 많지 않을 것이다. 놀랍게도 저자는 일본인이다. 《조선 이순신전》(국내 출판 도서 《이순신 홀로 조선을 구하다》 속에 수록)이라는 책으로 세키코세이라는 일본인이 썼다. 분명 우리의 이순신에 대한 관심과 일본의 관심은 그 배경이 다르다. 제국주의의 길을 걷고 있던 일본에게 해군력 강화는 국가적 과제였다. 《조선 이순신전》은 한반도 남해안 항구의 지정학적 가치에 주목하면서 임진전쟁 당시 일본 수군의 실패를 혹독하게 비판하는 내용이다. 그럴수록 이순신은 홀로 일본 수군 전체와 맞서 나라를 구한 영웅으로 부각된다. 《조선 이순신전》은 메이지 시기 일본에서 이순신 신화가 만들어지는 기폭제가 되었으며, 일본 해군 역시 이순신을 연구하고 가르쳤다.

일본인들에게 이순신은 모순적 존재이다. 이순신이 도요토미 히데요시의 꿈을 좌절시킨 장본인이기 때문이다. 에도 시대에 상업 출판이 성행하면서 군기물軍記物이 대중적 인기를 끌었다. 같은 1705년에 발간된 《조선군기대전》과 《조선태평기》 모두 이순신을 영웅으로 그리고 있다. 뒤이어 세상에 나온 군기물에서도 이순신은 지략과 무용을 겸비한 영웅의 모습이다. 비록 흥미 위주의 책들이기는 하나 일본 군기물이 우리의 관심을 끄는 부분은 많은 삽화가 들어 있다는 점이다. 그 가운데 임진전쟁 관련해 가장 내용이 풍부하고 삽화가 많이 들어 있는 것은 《회본태합기》(1797~1802), 《회본조선군기》(1800), 《회본조선정벌기》(1854)이다.

《이순신, 옛 그림으로 읽다》는 지금까지 우리가 알고 있는 이순신에 대한 벽을 깨기 위한 기획물이다. 판에 박힌 또 하나의 위인전을 내놓기 위한 것이 아니다. 이 책의 의도는 우리의 시각을 넘어 임진전쟁 당사자인 한국, 일본, 중국 세 나라의 시각자료를 집대성함으로써 좀 더 확장되고 객관적인 이순신상을 만들어보자는 것이다. 그리하여 세 나라에서 나온 이순신 관련 시각자료를 최대한 수집해 수록하였다. 가장 많은 부분을 차지하는 자료는 일본 것이다. 그 가운데 대부분은 《회본태합기》, 《회본조선군기》, 《회본조선정벌기》에 들어 있는 그림이다. 이들 책에 들어 있는 그림 가운데 이순신 관련 자료는 모두 찾아내 수록하고, 나머지 임진전쟁 그림 가운데 책의 구성에 필요한 자료를 추가하였다. 우리나라 자료 가운데 이순신에 관해 가장 오래된 시각자료는 1617년 편찬된《동국신속삼강행실도》속의 이순신 전사 장면이다. 다음으로 오래된《북관유적도첩》속의〈수책거적도〉에서부터 미군정청 발행 우표 등에 이르기까지 폭넓게 자료를 모았다. 수록한 중국 자료 가운데 대표적인 것은 이순신 최후의 전투인 순천 왜교성전투와 노량해전을 그린〈정왜기공도병〉,〈정왜기공도권〉이다.

《이순신, 옛 그림으로 읽다》는 주관성이 큰 글보다는 그림으로 이순신의 모습을 복원하려 하였다. 객관성을 높이기 위한 일환으로 각 장이 시작되는 부분에서는《난중일기》를 비롯한 당대의 기록을 인용하며 글을 시작하였다. 컬럼비아대학교 한국학 석좌교수를 지낸 김자현은 임진전쟁을 통해 조선에서 '민족의 출현'이라는 놀라운 변화가 나타났음을 짚어냈다. 임진전쟁에 참가한 세 나라 가운데 중국과 일본에서는 정권 교체의 큰 바람이 불었다. 전쟁터였던 한반도만이 조용했다. 하지만 마치 아무 일도 없던 듯하던 조선에서 사실은 '민족의 출현'이라는 커다란 변화가 나타났다는 것이다. 이순신이 이끄는 조선 수군의 승리는 의병의 거병을 가능하게 하고, 의병을 비롯한 민초들로 하여금 타자와의 접촉을 통해 민족의식을 깨닫게 했다. 이 책을 통해 독자들이 민족정체성의 형성으로 이어지는 이순신과 민초들의 역동적 교감을 짚어낼 수 있기를 기대한다.

차례

옛 그림으로 보는 난중일기

에필로그

【 프롤로그 : 이순신과 임진전쟁 】

그림1 1402년 조선이 제작한 세계지도
〈혼일강리역대국도지도〉混壹疆理歷代國都之圖의
동아시아 부분. 임진전쟁은 조선, 명나라, 일본 세
나라의 국가 운명을 바꾼 국제전쟁이었다.

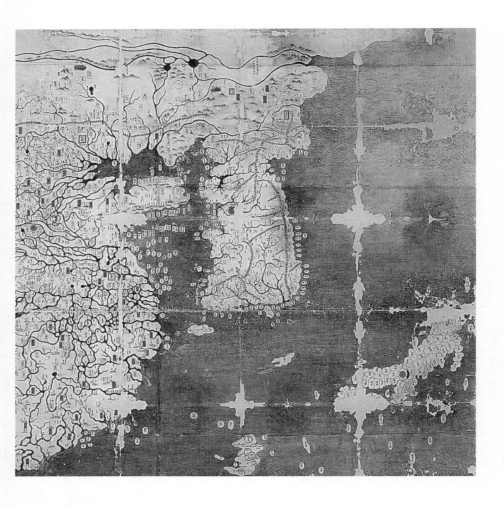

이순신 신화 민족의 출현과

조선땅에 큰 난리가 났다. 조선이 건국된 지 꼭 2백 년이 되는 1592년의 일이다. 물밀 듯이 밀고 들어오는 왜적 앞에서 남쪽 바닷가부터 하나둘 성이 무너지기 시작하였다. 겨우 스무 날 만에 수도 한성이 일본군의 손에 떨어졌다. 일본군이 파죽지세로 밀고 올라온다는 소식에 지레 겁먹은 왕은 미리 야반도주해 버렸다. 북쪽 끝 의주땅까지 도망을 친 왕은 명나라로 들어가 목숨을 부지하겠다고 떼를 썼다.

일본군은 전투다운 전투도 없이 순식간에 평양 북쪽의 평안도를 제외한 조선의 전 국토를 유린하였다. 승승장구한 일본은 모든 것이 자신들의 계획대로 진행되는 듯이 착각하였다. 일본은 점령지에 다이칸쇼代官所를 설치해 영구 통치를 획책하였다. 일본은 우선 선조의 항복을 받아낸 다음 조선군까지 한데 모아 명나라를 칠 계획이었다.

바람 앞에 등불 같던 나라를 구한 것은 왕에게 버림 받은 백성들이었다. 전국 각지에서 의병들이 들고 일어났다. 양반, 상민, 노비, 승려 할 것 없이 나라를 구하기 위해 일어섰다. 의병들은 무능한 관군을 대신해 일본군과 맞서 싸웠다. 국토가 일본군에 짓밟히고 죄 없는 백성들이 무참히 살육당하는 것을 보고 스스로 향리와 동족을 지키기 위해 거병한 의병들은 일본군의 후방 보급로와 통신망을 차단함으로써 일본군을 곤경에 빠뜨렸다.

컬럼비아대학교 한국학 석좌교수를 지낸 김자현은 임진전쟁을 통해 조선에서 '민족의 출현'이라는 놀라운 변화가 나타났음을 짚어냈다. 그 민족 개념을 만들어낸 핵심주체가 다름아닌 의병이었다. 알아들을 수 없는 언어를 사용하는 낯선 자들이 떼거지로 몰려와 동족을 무참히 살육하는 타자(일본)와의 부정적인 접촉을 통해 조선인은 민족의식과 민족정체성을 스스로 자각하게 되었다.

일본군의 한반도 정복 전략의 기본 개념은 수륙병진책水陸竝進策이었다. 육군이 부산에서 한반도를 종단해 올라가고, 수군은 이에 호응해 남해안을 거쳐 서해로 올라가며 협동작전을 펼치는 것이었다. 그런데 이 작전은 뜻밖의 암초에 봉착하였다. 이순신 장군과 조선 수군에 막혀 수군이 한 발짝도 서해로 진출하지 못한 것이다. 경상좌수영과 우수영의 수군은 제대로 된 전투 한 번 치르지 못한 채 궤멸되고 말았지만, 전라좌수사 이순신이 이끄는 수군은 5월 7일의 첫 전투 옥포해전에서부터 일본 수군에 연전연승을 거두었다. 그리고 일본 수군이 총력전을 펼친 한산해전에서 세계해전사에 빛나는 대승을 거둠으로써, 도요토미 히데요시로 하여금 급기야 해전 중지 명령을 내리게 만들었다.

그림3   일본군은 4월 15일 동래성을 무너뜨리고
파죽지세로 한성을 향해 밀고 올라가기 시작하였다.
《회본조선군기》권2

그림4　　이순신이 이끄는 조선 수군은 일본 수군에
연전연승을 거두어 남해 바다의 제해권을 장악하였다.
그리하여 육군과 수군이 호응하며 북진해 한반도를
점령한다는 일본의 구상은 실현될 수 없었다.
《회본조선군기》 권6)

　이순신의 승리를 통해 조선은 일본군에 대한 공포에서 벗어날 수 있었다. 의병의 거병이 가능했던 것은 조선 수군의 승리 때문이었다. 6월부터 지역을 가릴 것 없이 전국에서 의병이 봉기하였다. 이순신의 휘하에는 승려들로 구성된 의승수군義僧水軍이 있었다. 호남 동부 지역에서 활동한 육상의병들은 이순신의 군사 활동을 돕는 일에 앞장섰다. 수군과 의병이 일본군을 주춤거리게 만드는 사이에 조선 육군도 점차 전열을 정비할 수 있었다.

　김자현은 임진전쟁이 조선을 '상상의 공동체'로 만들었듯이, 전쟁 속의 뛰어난 영웅들은 우리 민족의 애국적 얼굴이 되었다고 주장한다. 그 가운데 가장 우뚝한 사람은 이순신이다. 이순신은 한 번도 패한 적이 없는 최고의 장수였을 뿐 아니라 왕이 자신에게 치욕을 안겼음에도 아랑곳하지 않고 불퇴전의 용기로 왜적이 물러가는 마지막 순간까지 몸을 던져 싸우는 드라마틱한 삶을 통해 신화적 위치를 얻었다.

　일본인들에게 이순신은 모순적 존재이다. 이순신은 도요토미 히데요시의 꿈을 좌절시키고 굴욕을 안긴 장본인이다. 우리나라를 포함한 모든 이순신 전기의 효시인《조선 이순신전》을 쓴 세키코세이는 그 모순된 감정을 이렇게 표현하고 있다.

　"허무하게도 임진, 정유 두 전쟁은 이순신 때문에 막히고 좌절되어 조선과의 역사에 더할 수 없는 오점을 남기고 말았다. … 영국을 지켜 나폴레옹의 발굽 아래 들지 않게 한 것은 영국의 이순신, 넬슨의 공이요, 조선을 지켜 국운의 쇠락을 만회한 것은 실

그림5 함경도에서 의병을 일으킨 정문부의 활약을
담은 〈창의토왜도〉.

그림6   이순신을 바다의 신으로 묘사한 민화.
이순신의 활약을 가까이에서 지켜본 남해안 주민들에게
이순신은 신적인 존재였으며, 사후에도 깊은 경모의
대상이 되었다.

로 조선의 넬슨, 이순신의 웅대한 지략이었다. 이순신의 공이 어찌 위대하지 않겠는가."

메이지 시대의 해군 중장 출신으로 해군대학교에서 일본 장교들을 가르친 오가사와라 나가나리는 한마디로 '조선의 안녕은 이순신 덕분'이었다고 단정하였다. 같은 시기 일본 해군 최고의 전략가로서 해군대학교 교장을 지낸 사토 데쓰타로 역시 '넬슨이 세계적 명장으로 명성이 높은 것은 누구나 잘 안다. 하지만 넬슨은 인격이나 창의적 천재성에서 도저히 이순신 장군에 필적할 수 없다'고 이순신을 평가하였다. 없는 것을 부풀려 칭찬할 리 없는 적국이었던 일본사람들의 말이니 우리 스스로의 평가보다는 객관적일 수 있을 것이다.

메이지 시대의 일본 해군은 이순신을 연구하고 가르쳤다.《이순신 홀로 조선을 구하다》라는 책을 보면 오가사와라 나가나리가 일본 해군대학에서 교재로 사용한 내용 등을 살펴볼 수 있다. 메이지 시대 일본 해군의 이순신 장군에 대한 외경심이 한층 발전해 러일전쟁을 일본의 승리로 이끌어 군신으로 추앙받는 도고 헤이하치로가 자신은 이순신에 비하면 한참을 미치지 못한다고 말했다는 와전된 이야기까지 나돌고 있다.

이순신을 곤혹스럽게 만들면서도 마지막 전장에서 함께 싸운 명나라 수군 제독 진린은 선조에게 글을 올려 이렇게 말하였다.

"통제사는 하늘을 날로 삼고 땅을 씨로 삼아 천지를 다스릴 인재요, 하늘을 깁고 해를 목욕시킬 만한 공을 세웠습니다."

그림7　일본인이 상상한 용감무쌍한 무장 모습의
이순신. '이순신은 단기필마로 여진족 오랑캐를
물리치고, 일본군이 쳐들어왔을 때 전라수군절도사가
되어 거북선을 만들었는데, 충성스럽고 용맹하기가
조선에서 가장 앞섰다'는 설명이 붙어 있다.
《회본조선정벌기》권1)

　　임진전쟁은 국제전쟁이었다. 일본이 한국을 침략한 전쟁이라는 좁은 시각에서 벗어날 필요가 있다. 최근 들어서는 조선, 명나라, 일본이 전력투구해 싸운 '동아시아 삼국전쟁'이라는 시각이 지지를 얻고 있다. 7년에 걸쳐 50만 명 이상의 병력이 투입된 이 전쟁은 전근대시기에 한, 중, 일 3국이 부딪친 예외적인 전쟁일 뿐 아니라 16세기 세계 최대 규모의 전쟁이었다.

　　또한 비록 명나라 군대에 고용된 용병이었다 할지라도 세계 여러 나라의 군대가 참전하였다. 몽골, 미얀마, 태국 같은 나라의 용병이 한반도에 들어와 싸웠다. 〈천조장사전별도〉天朝將士錢別圖라는 그림이 있다. 명나라 군대가 명으로 돌아가게 되면서 선조가 베푼 송별연을 묘사한 그림이다. 그 그림에는 포르투갈에서 보낸 흑인 용병 '해귀'海鬼와 원숭이 기병대까지 그려져 있다.

　　15, 16세기는 세계사적 격변의 시기였다. 대항해시대가 열리면

그림8 좌측 상단에 이국적 모습의 '해귀', 하단에
원숭이 기병대가 그려진 〈천조장사전별도〉(부분도).

26

그림9　예수회는 포교 전략의 일환으로 도요토미 히데요시를 비롯한 일본 다이묘들과 협력하였다. 가톨릭에 귀의한 다이묘 중에는 임진전쟁 종군 신부로 서양인 선교사를 초빙하는 경우도 있었다.

서 서양 세력은 차츰 동양으로도 진출하기 시작하였다. 유럽 국가의
식민 활동은 인도와 동남아시아를 넘어 동아시아에까지 불어닥쳤
다. 필리핀이 스페인의 식민지가 되고, 마카오는 포르투갈의 조차지
가 되었다. 여기에 종교가 결합하였다. 예수회는 프로테스탄트 종교
개혁에 맞서 가톨릭의 쇄신을 기치로 남미와 아시아 포교에 나선 전
투적인 조직이었다. 예수회의 활동에 힘입어 일본에는 가톨릭에 귀
의하는 다이묘들이 나오게 되었다. 조선 침공의 선봉장이었던 고니
시 유키나가가 대표적이다.

조총鳥銃은 포르투갈 상인에 의해 일본에 전래되었다. 일본 다이
묘들이 처음에는 서양인과의 무역을 통해 조총을 구입하였지만, 곧
사카이 등지에서 자체 제작하게 되었다. 포르투갈인이 전해준 조총
은 임진전쟁에서 일본군의 주력 무기가 되었다. 도요토미 히데요시
는 조선 출병에 앞서 포르투갈 군함을 구입하는 계획을 세우기까지
하였다.

대항해시대의 도래 및 종교개혁과 함께 서양은 중세 봉건사회
에서 근대사회로 한층 빠른 발걸음을 내딛기 시작하였다. 이탈리아
에서 시작된 르네상스는 16세기 들어 유럽 각지로 확장되었다. 문
학, 예술에서 과학에 이르는 인문주의 기운에 기름을 부은 것은 금속
활자를 이용한 인쇄술의 확산이었다. 고려가 발명한 금속활자 주조
술은 중국과 아라비아를 거쳐 유럽에 전해졌고, 지구를 반 바퀴 돌아
마침내 활짝 꽃을 피웠다.

신대륙과 동양으로 이어지는 새로운 항로가 개척됨으로써 유럽
세계의 중심은 지중해에서 대서양으로 이동하였다. 지중해의 제해

그림10 포르투갈인에게 조총 사격술을 배우는
일본인. 조총은 포르투갈 상인을 통해 일본에
전래되었다. 《회본태합기》 7편 권7)

권은 오스만 제국의 차지였다. 오스만 제국은 비잔티움 제국을 무너 뜨리고 서아시아, 아프리카, 유럽에 걸친 대제국으로 발전하였다. 중 앙 아시아의 패자였던 티무르 제국이 멸망하고, 인도에서는 이슬람 을 신봉하는 강력한 무굴 제국이 등장하였다.

전쟁의 검은 구름이
감돌다

1368년 몽골족의 원나라를 물리치고 중국을 차지한 명나라는 한동안 동아시아의 패자로 군림하였다. 명나라는 주변 국가를 중화주의에 토대한 조공, 책봉 체제로 편입시키는 한편, 15세기 초에는 인도양과 아프리카 동해안까지 진출하며 세력을 과시하였다. 그러나 몽골족과의 전투에서 황제가 사로잡히는 치욕을 당하면서 국력이 쇠퇴하기 시작하였다. 중국의 남쪽 지방은 왜구의 노략질에 신음해야 했는데, 정규군이 벌벌 떨 지경이었다. 16세기 말 들어서는 국력이 더욱 쇠약해졌다.

일본은 15세기 중엽을 지나면서 무로마치 막부의 지배력이 크게 약화되었다. 이때부터 패권을 차지하기 위한 다이묘들의 치열한 싸움이 전개되었다. 1백여 년에 걸친 혼란의 시대를 센코쿠 시대라고 하는데, 도요토미 히데요시가 최후의 승자가 되었다. 도요토미 히데요시는 동요하기 시작한 봉건 지배체제를 강화하는 한편, 나가사

그림11　1575년의 나가시노 전투는 다량의 철포(조총)가
사용된 일본 최초의 전투이다. 이 전투에서 오다 노부나가,
도쿠가와 이에야스 연합군이 승리해 오다 노부나가는
전국 통일 한 발자국 앞에까지 이르렀다. 1582년 오다
노부나가가 부하의 모반으로 비명에 죽자 천하는 도요토미
히데요시의 차지가 되었다.

그림12 우여곡절을 치른 끝에 1590년 조선 조정은
일본에 통신사를 파견하였다. 《회본조선군기》 권1

33

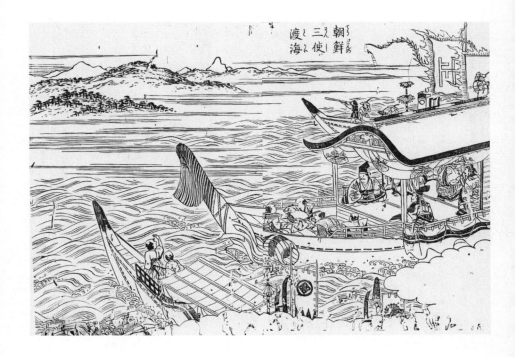

키, 사카이 등지의 무역을 보호 통제하였다. 오랜 사회적 혼란을 무력으로 평정한 도요토미 히데요시는 대륙 침략을 통해 거대한 제국을 건설한다는 망상에 사로잡히게 되었다.

도요토미는 먼저 조선에 입조入朝를 요구하였다. 그리고 명나라를 정벌할 테니 명나라 정복에 앞장서달라고 하였다. 도요토미는 조선이 어떤 나라인지 정확히 알지 못하였다. 그리하여 조선 조정의 배려 속에서 무역을 통해 살아가는 쓰시마 도주에게 조선 왕을 입조시키라는 얼토당토 않은 명을 내렸다. 곤경에 처한 쓰시마 도주는 국서를 개작하는 꾀를 내었다. 그리고 통신사를 파견해 도요토미의 일본 통일을 축하해달라고 조선에 간청하였다. 이렇게 하여 성사된 조선통신사를 도요토미는 복속국의 사절단으로 여겼다. 도요토미는 방약무인한 태도로 조선통신사를 대하였다. 그리고 조선의 '입조'에 비추어 명나라 정벌도 쉬울 것으로 오판하였다.

여러 가지 정황상 조선이 일본 침략 야욕의 희생양이 될 조짐이 농후하였다. 그런데도 조선은 무사안일로 일관하였다. 일본에 대해 무지하기는 조선 역시 마찬가지였다. 조선은 일본과 교린交隣이라는 외교 원칙을 견지하면서도 교류에 적극성을 보이지 않았다. 성종 때부터는 통신사를 아예 보내지 않았으며, 모든 외교 문제를 쓰시마를 통해 해결하였다.

자연히 일본에 대한 정보가 제한적일 수밖에 없었다. 편견과 당파적 입장 때문에 일본의 동태를 파악하기 위해 기껏 다녀온 통신사 사이의 의견조차 통일되지 못하였다. 정사 황윤길은 일본이 반드시 침략할 것이라고 주장한 반면, 부사 김성일은 침범할 징후가 없다고

그림14   도요토미 히데요시는 1591년 3월
오사카성에서 명나라를 정복할 것이며, 그에 앞서
조선을 항복시켜 선봉대로 세울 것이라고 선언하였다.
《회본태합기》6편 권2)

그림16 1591년 8월 히젠 나고야에 전쟁 지휘부가 설치되고 전국의 다이묘들에게 동원할 병력의 수가 할당되었다. 《회본태합기》 6편 권3)

우기는 코미디 같은 일이 벌어졌다.

도요토미 히데요시의 침략 계획은 외교 교섭과 관계없이 진척되었다. 그는 1591년 3월 주요 다이묘들을 오사카성으로 소집하였다. 그리고 조선으로 쳐들어감은 물론 명나라까지 진격할 것이라고 밝혔다. 곧바로 북규슈 히젠 지방 해안가에 침략 전전기지가 될 나고야名護屋 성 축조공사가 시작되었다. 각 다이묘들에게는 동원할 병력과 건조할 전함의 수가 할당되었다. 조선으로 가는 길목에 위치한 항구에는 숙박용 막사가 설치되고, 군량, 무기, 군마 등의 군수물자 보급 계획이 수립되었다.

그림17　규슈 북단에 새로 세운 거대한 크기의
나고야성은 조선 침략의 전진기지였다. 1592년 1월
침공부대의 조직 편성이 완료되었다. 침공군의 규모는
제1진이 9번대까지 15만 8,700명이고, 일본에
대기하는 병력이 11만 8,300명이었다.

그림19 침공부대는 부대별로 차례차례 나고야를
출발해 쓰시마로 향했다. 《회본태합기》6편 권3

43

그림20 가토 기요마사의 2번대 병력은 2만 3천여 명이었다. 나고야를 떠난 각 부대는 이키섬과 쓰시마를 거쳐 부산으로 들어갔다.

44

이순신,
웅비할 바다를 얻다

통신사보다 한 달여 늦게 한성에 들어온 일본 사신이 일본이 명나라를 치려 하니 길을 내어달라假道入明는 통고를 해오자, 조선은 불에 덴듯 화들짝 놀랐다. 그제야 조정은 군사 요충지에 능력 있는 인재를 임명한다며 부산을 떨기 시작하였다. 아울러 경상도와 전라도 연안에 성을 쌓거나 개수하고 무기를 정비하도록 지시하였지만, 이미 때가 늦었다. 때늦은 조치마저 제대로 실행되지 못할 만큼 일본의 침략 가능성을 믿지 않으려는 기운이 농후했다.

조선은 100여 년 이상 전쟁을 겪지 않았다. 그래서 현실에 안주하고 싶어하는 무사안일주의가 사회 전체에 팽배해 있었다. 조선 초기에 정비된 국방체제는 이미 붕괴되어 군사적 방어 능력을 갖추지 못한 상태였다. 임진전쟁이 일어나기 십여 년 전에 율곡 이이가 주장한 십만양병설十萬養兵說에 귀기울이는 사람은 아무도 없었다.

그나마 다행이었던 것은 이순신과 권율 같은 사람이 책임있는

그림21　무인다운 모습의 이순신 장군 초상.
"도요토미 히데요시가 … 불구의 몸으로 지하에 누워
있게 된 것은 수군 때문이었다. 또한 그 수군이 패한
수치는 다름아닌 조선의
한 사내 이순신 때문이었다." (세키코세이)

자리에 천거된 것이었다. 행주대첩을 승리로 이끌고 나중에 도원수가 되어 조선군의 군무를 총괄한 권율은 유성룡과 윤두수의 추천을 받았다. 고향집에 머물고 있던 이순신은 전라감사 이광의 부름을 받아 그의 조방장이 되었다가 정읍현감의 자리에 올랐다. 이순신은 다시 우의정 유성룡의 추천으로 전라좌도 수군절도사에 제수되었다. 임진전쟁을 대표하는 육군과 수군의 명장이 모두 유성룡의 추천을 받은 것은 유성룡이 사람을 알아보는 뛰어난 안목을 갖고 있었음을 말해 준다.

그런데 이순신의 승진을 둘러싸고 조정이 들끓게 된다. 종6품의 정읍현감에서 정3품 자리인 수군절도사(수사)로 수직 상승하였기 때문이다. 사간원에서는 이순신이 이렇다할 경력이 없는데도 현감에서 수사로 올리는 것은 부당하다며 서임을 취소하라고 간언하였다. 유성룡도 이 사건을 두고 "너무 빠른 그(이순신)의 승진에 의심의 눈길을 보내는 사람들이 많았다"고 회고하였다.

유성룡의 천거를 받은 선조는 이순신에게 진도군수(종4품) 자리와 가리포진첨사(종3품) 자리를 제수한 다음 곧바로 전라좌수사로 발령하였다. 일종의 편법이었다 할 수 있다. 나중에 이순신이 선조의 거듭된 핍박을 받은 것을 생각하면 이때 선조가 대간들의 거듭된 간언을 물리치며 이순신을 전라좌수사에 임명한 것은 역사의 아이러니이자 안도의 한숨이 절로 나올 만큼 천만다행한 결정이 아닐 수 없다. 《선조실록》(1597.1.27)을 보면 유성룡이 '이순신은 성품이 강의强毅해 남에게 굽힐 줄을 모르는 까닭에 제법 취할 만하고' 직무를 잘 수행할 것이라고 여겨 수사로 천거하였다고 말하는 대목이 있

그림22 　유성룡의 활약을 그린 그림. 유성룡은
임진전쟁이 터지자 오늘날의 국무총리 겸 총사령관
위치에서 국난 극복에 힘썼다. 뛰어난 안목으로 이순신,
권율 같은 사람을 발탁하였으며, 원군으로 온 명나라
군대를 상대하는 역할을 맡았다. 《회본조선정벌기》
권10)

그림23　충무공 종가에 전해 내려오는 거북선 그림.
덮개 위에 장대將臺가 설치되고 머리와 꼬리가 표범의
형상을 한 이채로운 모습이다. 전라좌수사로 부임한
이순신은 곧바로 거북선 건조에 착수해 전쟁이 터지기
바로 전날 완성하였다. 거북선은 이순신 신화와 동전의
양면이라고 할 수 있다.

다. 선조는 이순신이 누구인지 잘 몰랐다. 오직 유성룡만이 이순신이 큰 재목임을 알아보았다.

"이순신이 무인 속에 있어서 이름이 드러나지 않았는데, 신묘년 (1591)에 서애 유성룡이 정승이 된 다음 그를 쓸 만한 인재라고 천거하였다. 이순신은 곧 정읍현감에서 차례를 뛰어넘어 전라 좌수사에 제수되고, 드디어 나라를 중흥시키는 제일 명장이 되었다. 아아, 지금 세상인들 어찌 그런 인물이 없겠는가? 다만 인재를 알아보고 천거하는 사람이 없을 뿐이다."

실학자 이수광이 《지봉유설》에 유성룡의 이순신 천거에 대해 쓴 글이다. 전라좌수사가 된 이순신은 1591년 2월 전라좌수영이 있던 여수에 부임하였다. 임진전쟁이 일어나기 1년 2개월 전의 일이었다. 전라좌수영 휘하에는 5관(순천도호부, 광양현, 낙안군, 보성군, 흥양현) 5포(방답, 여도, 사도, 녹도, 발포)가 있었다. 이로써 이순신은 웅비할 바다를 얻었다. 그리고 조선은 나라의 안녕을 지킬 수 있었다.

인간 이순신

그림24   1908년에 나온《초등대한역사》속의 이순신과
거북선.

52

부월斧鉞을 손에 쥐는
대장이 되리라

이순신은 1545년 3월 8일 한성 건천동 자택에서 탄생하였다. 점쟁이가 말하기를 '나이 50이 되면 북방에서 부월斧鉞(출정하는 장수에게 임금이 손수 주던 도끼로 장수의 통솔권을 상징함)을 손에 쥐는 대장이 되리라' 하였다.

　이순신이 태어날 때 어머니의 꿈속에 이순신의 할아버지(이백록)가 나타나 '이 아이는 모름지기 귀하게 될 터이니 반드시 이름을 순신舜臣이라고 지어라' 하고 일렀다.

《이충무공행록》

　이순신의 집안은 덕수이씨다. 본관인 덕수는 덕수현을 가리키는데, 지금의 북녘땅 개풍군 지역에 해당한다. 이순신의 5대조 이변은 정1품 벼슬인 영중추부사領中樞府事, 증조부 이거는 정3품 병조참의를 지냈다. 하지만 이순신의 할아버지 이백록이 조광조의 기묘사화에 연루되어 죽임을 당하고 아버지 이정은 벼슬을 하지 못하였기 때문에, 이순신이 태어났을 때는 가세가 기울어 있었다.

《난중일기》를 보면 어머니 이야기가 엿새에 한 번꼴로 등장한다. 그만큼 이순신과 어머니 초계변씨의 관계가 특별했음을 알 수 있다. 이순신의 외가는 지금의 현충사가 있는 충청도 아산이었는데, 이순신이 장성하기 전에 일가가 아산으로 옮겨가 살았다.

> 이순신은 어린 시절부터 영특하고 활달하였다. 아이들과 놀 때는 나무를 깎아 만든 활을 항상 지닌 채 동네를 쏘다니다가 자신의 뜻에 거슬리는 사람을 만나면 그 사람의 눈을 쏠 듯이 하였다. 나이든 사람들도 이 같은 상황을 꺼려 이순신의 집 문앞을 함부로 지나지 못하였다. 《징비록》

> 어린 이순신은 아이들과 더불어 전쟁놀이를 하며 놀았다. 그럴 때면 동무들은 모두 이순신을 장수로 받들었다.
>
> 《이충무공행록》

이순신은 여느 아이들과 마찬가지로 어린 시절에 전쟁놀이를 하며 놀았다. 건천동에서 가까운 동대문디자인플라자 자리에는 무예 훈련 기관인 훈련원이 있었고, 남산 기슭에는 남별영이 자리하고 있어서였는지, 이순신 무리의 전쟁놀이는 전투 대형을 펼치며 노는 것이 제법 법도가 있었다고 한다. 전쟁놀이를 할 때면 이순신은 항상 대장 역할을 맡곤 하였다. 성격이 호방하고 기백이 넘쳐 골목대장의

그림25　이순신이 태어난 서울 건천동 일대의 지도.
한가운데 청계천으로 흘러드는 두 물줄기 사이에
건천동乾川洞이 보인다. 이순신의 생가는 지금의 서울 중구
인현동 명보아트홀 골목 안쪽으로 추정된다. 허균의 기록에
의하면 그의 집이 건천동에 있었는데, 그 일대의 가옥은 모두
34채였다고 한다. 이순신보다 세 살 위로 영의정을 지낸
유성룡은 서울에서 이순신과 어린 시절을 함께 보냈다.

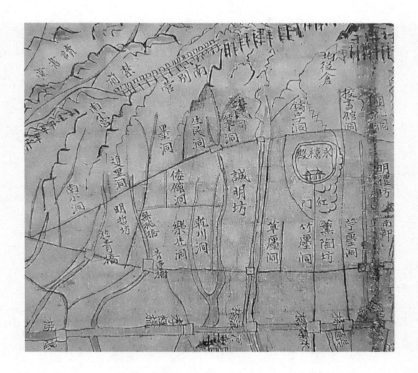

그림26 이순신이 또래 아이들과 전쟁놀이를 하며 놀고 있다. (〈이순신 십경도〉)

56

면모를 지녔던 모양이다. 그래서 《징비록》에 등장하는 무례하면서도 당찬 모습의 일화를 남기게 되었을 것이다.

> 충무공의 부인은 상주방씨다. 그의 부친 방진方震은 보성군 수를 지냈다. 부인은 어려서부터 영민하고 슬기로웠다. 열 두어 살 되었을 때 화적떼가 집안으로 쳐들어온 일이 있었다. 방진이 화적들에게 활을 쏘다가 화살이 다 떨어져가자, 방안에 있는 화살을 가져오라고 소리쳤다. 하지만 계집종이 화적들과 내통하여 몰래 화살을 훔쳐냈기 때문에, 남은 화살이 하나도 없었다. 이때 부인이 '여기 있습니다' 하고 큰소리로 대답하며, 급히 베틀에 쓰는 뱁대 한아름을 마루 위로 던졌다. 그 소리가 마치 화살 쏟아지는 소리 같았다. 화적들은 본래 방진이 활을 잘 쏘는 것을 두려워하던 터였다. 그래서 화살이 아직 많이 있는 줄 알고 놀라 도망치고 말았다. 〈방부인전〉(《이충무공전서》 권14)

이순신은 스물한 살 때 장가를 들었다. 부인 상주방씨는 보성군 수를 지낸 방진의 외동딸이었다. 〈방부인전〉이 전하는 일화는 상주 방씨가 어린 나이에도 몹시 지혜롭고 담대했음을 알 수 있게 한다. 장인 방진은 뛰어난 무인이었다. 문과 시험을 준비하던 이순신이 무과로 방향을 튼 데는 장인의 영향이 적지 않았을 것으로 짐작된다.

무과시험에 합격하다

이순신은 스물여덟 살 되던 해 가을에 훈련원 별과 시험을 보았다. 달리던 말이 거꾸러지며 땅에 떨어진 그는 왼쪽 다리뼈가 부러졌다. 지켜보던 사람들은 모두 이순신이 죽었다고들 말하였다. 하지만 그는 한쪽 발로 일어서서 버드나무 가지를 꺾어 껍질을 벗겼다. 그리고 버드나무 껍질로 부러진 다리를 싸맸다. 시험장에 있던 사람들 모두가 그를 장하게 여겼다.

이순신은 서른두 살 봄에 정기 무과시험式年試 병과丙科에 합격하였다. 그는 무과 경전을 읽고 뜻을 풀이하는 데 막힘이 없었다.

《이충무공행록》

이순신은 결혼한 다음해부터 무과 공부를 시작하였다. 무과 시험은 크게 강서講書와 무예武藝로 구성되었다. 사서오경 외에 무경武

그림27　첫 무과시험에서 이순신은 말에서 떨어져
낙방하였다. (〈이순신 십경도〉)

59

經 칠서七書 등을 공부해야 했고, 선 자세 활쏘기와 말 타고 활쏘기, 말 타고 창 던지기, 격구擊毬 같은 무예를 익혀야 했다. 무예 습득은 하루 아침에 되는 일이 아니라서, 이순신은 28세가 되어서야 처음으로 무과 시험에 응시하였다. 하지만 낙방하고 말았다. 타고 있던 말이 거꾸러지는 바람에 다리가 부러지는 큰 부상을 입었던 것이다.

시험에 떨어졌지만 그는 좌절하지 않고 다시 도전에 나섰다. 마침내 이순신은 4년 뒤에 치러진 식년式年 무과에 합격하였다. 29명의 합격자 가운데 12등의 성적이었다. 갑과(3명), 을과(5명) 합격자에 비해 성적이 뒤처진 나머지 병과 합격자들은 종9품의 말단부터 벼슬길을 시작해야 했다. 이때 합격한 사람의 대부분은 현직 군관들이었고, 무직은 이순신을 비롯한 4명에 불과하였다.

> 그해 겨울에 함경도 동구비보의 권관이 되었다. 이때 함
> 경감사가 되어 부임한 이후백이 각 진을 순행하며 변방
> 장수들의 활쏘기 능력을 시험하였는데, 장수들 가운데 벌
> 을 면한 자가 드물었다. 하지만 동구비보에 들른 감사는
> 평소에 이순신의 평판을 듣고 있던 터라, 매우 친절히 대
> 해 주었다.
>
> 《이충무공행록》

이순신은 무과에 합격한 지 10개월이 지난 1576년 12월에 국경
을 수비하는 동구비보의 권관으로 임명되었다. 동구비보는 여진족
을 막아내기 위한 압록강 가의 최전방 군사기지였다. 이순신은 이곳
에서 만 2년 조금 넘게 근무하며 자신이 맡은 소임을 훌륭히 수행하
였다. 까다롭기로 소문난 함경감사도 이순신의 일처리에 대해서는
매우 만족해 하였다.

1579년 봄에 임기가 차서 서울로 돌아와 훈련원에서 근무할 때의 일이다. 병조정랑 서익이 자기와 가까운 사람을 순서를 건너뛰어 참군參軍으로 올리려 하였다. 이순신은 담당관으로서 허락하지 않으며 서익에게 말하였다. '직급이 아래인 사람을 순서를 건너뛰어 위로 올리면, 당연히 승진할 사람이 승진하지 못하게 되니 공평하지 않습니다. 게다가 법을 바꿀 수도 없습니다.' 서익은 위력을 내세워 자신의 뜻을 강행하려 하였으나, 이순신은 굳게 버티며 따르지 않았다. 서익은 크게 화를 냈지만, 감히 자기 마음대로 임명할 수는 없었다. 　　　　　　　　　　　　《이충무공행록》

　35세가 된 이순신은 동구비보 권관에서 서울 훈련원의 봉사로 전근되었다. 종8품의 자리였지만 군의 인사와 관련된 일을 맡게 된 것이다. 그런데 자신의 직속 상관인 병조정랑 서익과 인사 문제로 갈등을 겪게 된다. 병조정랑은 군의 인사 행정을 담당하는 요직으로 아무나 맡을 수 있는 자리가 아니었다. 서익이 불러 힐책하는데도 이순신은 자신의 뜻을 꺾지 않았다. 이 사건은 당시 크게 화제가 되었다. 유성룡은 "이 일로 인해 식자들이 차츰 이순신을 알게 되었다"고 하였다. 한편 서익은 이순신에 대해 큰 앙심을 품었다.
　이순신의 사람됨 때문이었는지 병조판서 김귀영은 자신의 서녀를 이순신의 첩으로 삼게 하려 하였다. 하지만 이순신은 "벼슬길에 갓 나온 사람이 권세가의 집에 발을 들여놓아서야 되겠느냐"며 일언지하에 중매를 거절하였다.

수군 지휘관을 경험하다

> 1582년 봄에 군기시 경차관 서익이 발포에 내려왔다. 그는 군기를 보수하지 않았다고 장계를 올려 이순신을 파직시켰다. 모두들 이순신이 군기를 보수함이 그토록 정교하고 엄밀했는데도 불구하고 벌을 받게 된 것은, 이순신이 지난날 훈련원에서 굽히지 않았던 원한 때문이라고 하였다. 《이충무공행록》

이순신은 이해 말에 충청도병마절도사의 군관이 된다. 군단장급 장성의 부관 자리였다. 그리고 다음해 파격적인 승진을 한다. 종4품의 발포만호가 된 것이다. 발포는 지금의 전라남도 고흥에 위치한 포구이다. 관직에 나선 지 4년 동안 이순신은 줄곧 육군으로 복무하였다. 발포만호가 됨으로써 이순신은 최초로 수군 생활을 경험하게 되었다. 나중에 이순신은 전라좌수사가 되어 발포의 수군을 휘하 부대의 하나로 거느리게 된다.

이순신이 일거에 여러 단계를 뛰어넘는 특진을 하자 험담하는 말과 투서가 잇따랐다. 참소하는 말을 들은 전라감사 손식은 이순신을 불러 진법을 그리고 강독하게 하였다. 이순신이 강독을 마친 다음 능숙한 솜씨로 진형도를 그려내자 자신이 오해했음을 깨닫고 이순신을 정중히 대하였다.

하지만 결국 이순신은 시련에 부딪치고 만다. 그의 강직한 성품 때문이었다. 직속상관인 전라좌수사 성박이 거문고를 만들기 위해 발포 객사 뜰에 있는 오동나무를 베어가려고 하자, 이순신은 나라의 재산이라며 벌목을 허락하지 않았다. 성박은 크게 노하였으나, 오동나무를 베어 가지는 못하였다.

성박의 뒤를 이어 이용이 수사가 되었다. 그는 이순신이 고분고분하지 않은 것을 괘씸하게 여겨 벌을 줄 구실을 찾았다. 그는 자신의 휘하에 있는 다섯 포구의 군사를 불시에 점고하였다. 확인해 보니 발포에 3명의 결원이 있음이 발견되었다. 옳다구나 생각한 이용은 이순신의 죄를 청하는 장계를 올리려 하였다. 하지만 이는 부당한 일이었다. 당시 군적의 수대로 군사를 채우는 것은 불가능했을뿐더러, 다른 네 포구의 결원 군사의 수효는 훨씬 더 많았다. 이순신이 군사를 훈련시키는 일에 뛰어난 성과를 내고 있었기에 낮은 평점을 매길 수도 없었다. 이렇듯 이순신을 궁지로 몰려 했던 이용은 나중에는 이순신의 능력을 인정해 자신의 군관으로 삼았다.

위기를 벗어나는가 싶던 이순신은 끝내 큰 화를 당하고 말았다. 훈련원 시절에 인사 문제로 부딪친 일이 있던 서익과의 악연 때문이었다. 서익은 왕의 특명을 받은 군기시 경차관이 되어 지방을 순시중

그림28 전라남도 고흥군 도화면에 자리한 옛
발포진의 모습. 전라좌수영 소속의 5포 가운데 발포,
사도, 여도, 녹도의 4포가 고흥땅에 있었다.

이었다. 발포에 내려온 서익은 이순신이 군기를 제대로 보수하지 않았다는 장계를 올렸다. 이 일로 이순신은 발포만호의 자리에서 파직되었다. 발포에 부임한 지 18개월째인 1582년 1월의 일이었다.

파직된 이순신은 불과 4개월 만에 복직이 되었다. 파직되었다가 다시 관직을 맡는 것은 당시에는 심심치 않게 있던 일이었다. 그런데 다시 돌아간 자리가 훈련원 봉사였다. 3년 전의 옛 직책이었으니 한참을 강등당한 것이었다.

이순신은 강직한 원칙주의자였다. 지나친 원칙주의로 인해 관직 생활 중에 파직되고 좌천되는 일이 반복되었다. 세 차례 파직되고 두 차례나 백의종군을 겪었으니 누구라도 미루어 알 만한 일이다. 조선을 대표하는 학자 율곡 이이는 같은 덕수이씨로 이순신이 삼촌 뻘이었다. 이조판서 자리에 있던 이이가 이순신의 이야기를 듣고 만나기를 청했다. 하지만 이순신은 만남을 거절했다. 이이가 인사권을 가진 자리에 있는 만큼 만나는 것이 적절치 않다는 이유였다.

병조판서 유전과의 일화도 흥미롭다. 어느 날 유전은 이순신이 활을 쏘는 모습을 지켜보고 있었다. 이순신의 화살통이 예사롭지 않아 보였는지, 유전은 화살통을 자신에게 달라고 하였다. 지금의 국방부장관 격인 병조판서의 청을 하급 군장교가 감히 어떻게 거절하겠는가? 그런데 이순신은 세상사람들의 오해를 사 두 사람 모두 명예를 잃게 될 것이라며 유전의 청을 거절하였다.

첫 번째 백의종군

함경도순찰사 정언신이 이순신에게 명하여 녹둔도 둔전屯
田을 지키게 하였다. 안개가 짙게 낀 어느 날이었다. 병사들
이 모두 밖에 나가 벼를 수확하느라, 방책 안에는 겨우 10
여 명의 병사만 남아 있었다. 이때 창졸간에 오랑캐들이 말
을 타고 쳐들어왔다. 이순신은 방책문을 굳게 닫아걸고, 방
책 안에서 연달아 유엽전柳葉箭을 쏘았다. 수십 명의 적이 맞
아 말에서 떨어졌다. 그리하여 오랑캐들은 혼비백산하여
달아났으며, 이순신은 문을 열고 오랑캐들을 추격해 그들
이 약탈해 간 물건을 다시 빼앗아왔다. 　　　　《징비록》

　　이순신은 1583년 가을에 다시 함경도로 전출되었다. 이순신을
좋지 않게 생각하던 이용이 함경도 남병사로 가면서 조정에 품신해
이순신을 자신의 군관으로 삼았던 것이다. 이용이 이순신의 뛰어난

자질을 인정했음을 알 수 있다. 이때부터 이순신은 여진족과의 전투를 통해 자신의 경력을 만들어가게 된다.

　3개월 후 이순신은 여진족이 무시로 출몰하는 최일선 건원보 권관의 소임을 맡게 되었다. 때마침 여진족이 쳐들어왔다. 이순신은 매복 복병전술을 펼쳐 두목 우울기내를 포함한 여진족 상당수를 생포하는 전과를 올렸다. 큰 상을 받아야 마땅한 일이었으나, 함경도 북병사 김우서가 시기해 트집을 잡는 바람에 아무런 상도 받지 못하였다. 자신의 허락을 받지 않고 군대를 움직였다는 이유였다.

　우울기내 일족과 전투를 벌인 지 얼마 지나지 않아 이순신은 아버지가 세상을 떠났다는 소식을 듣게 된다. 이순신은 한걸음에 고향으로 달려갔다. 아버지의 3년상을 마친 이순신은 42세가 되는 해 1월에 사복시司僕寺 주부主簿로 복직했다. 궁중에서 사용하는 말을 기르고 관리하는 사복시로 출근하기 시작한 지 겨우 보름여 만에 그는 조산보만호에 임명되었다.

　조산보 역시 두만강을 건너 쳐들어오는 여진족을 막는 전초기지였다. 다음해 가을 이순신은 새로운 임무를 부여받았다. 두만강 하구에 위치한 녹둔도鹿屯島 둔전관屯田官을 겸하게 된 것이다. 퇴적층이 쌓여 형성된 녹둔도는 농사짓기에 알맞은 비옥한 땅이었다. 녹둔도 둔전은 함경도 일대 군사들의 군량미로 쓰기 위해 설치되었다. 이순신은 녹둔도가 멀리 떨어진 고립된 곳인데다 군사의 수효가 적은 것이 걱정스러웠다. 그래서 함경병사 이일에게 상황을 보고하고 군사를 증원시켜 달라고 여러 번 청하였다. 그러나 이일은 이순신의 청을 들어주지 않았다.

그림29 두만강 하구 조산보와 녹둔도 일대의 지도.
녹둔도는 두만강 물줄기가 바뀌면서 지금은 강 건너
러시아령에 어어진 땅이 되었다.

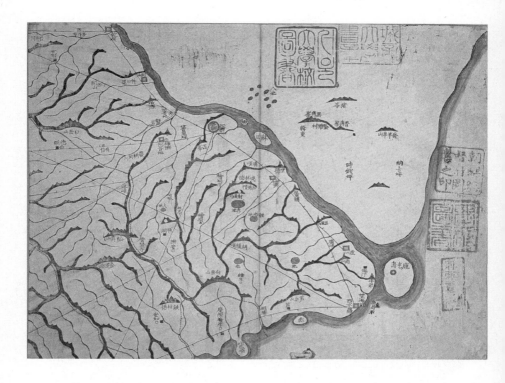

그림30　함경도 지역에서 무공을
세운 장수들의 행적을 글과 그림으로
엮은《북관유적도첩》北關遺蹟圖帖 속의
〈수책거적도〉守柵拒敵圖. 조산만호 이순신이 녹둔도에
쳐들어온 여진족을 물리친 일화를 담은 그림이다.

그림31 〈수책거적도〉 속 이순신의 무공을 글로 설명하고 있다.

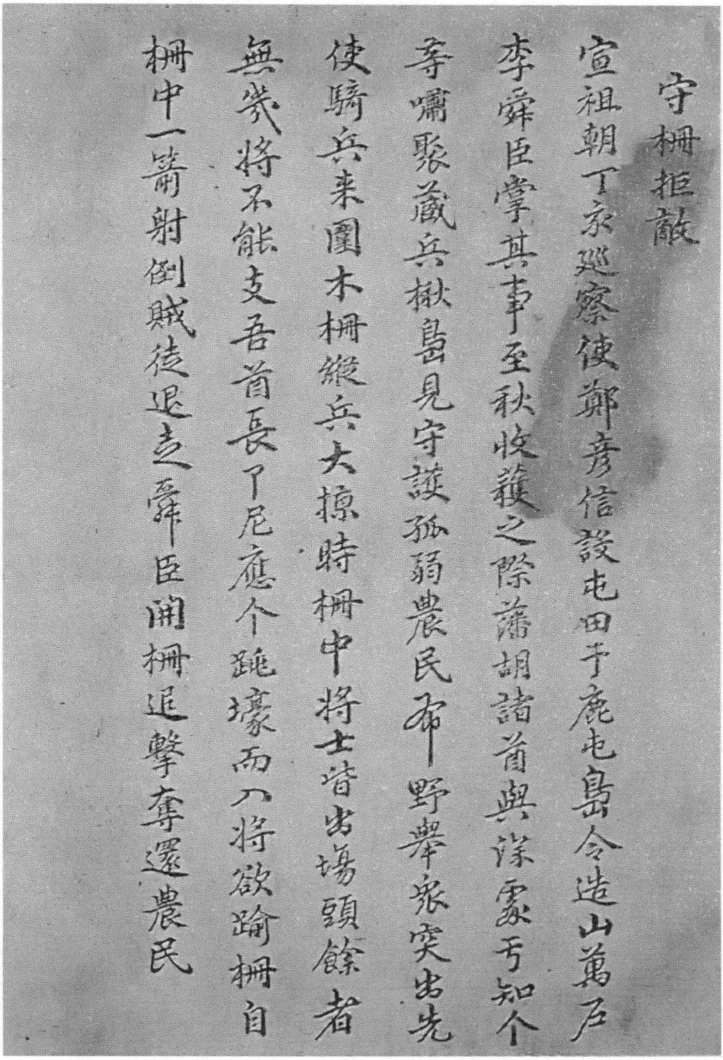

71

守柵拒敵

宣祖朝丁亥巡察使鄭彦信設屯田于鹿屯島令造山萬戶
李舜臣掌其事至秋收穫之際藩胡諸首與諜裏亏知个
孛嘯聚藏兵楸島見守護孤弱農民布野舉衆突出先
使騎兵来圍木柵縱兵大掠時柵中将士皆出塲頭餘者
無幾将不能支吾首長丁尼應个跳壕而入将欲踰柵自
柵中一箭射倒賊徒退走舜臣開柵追擊奪還農民

그림32　단기單騎로 여진족과 싸우는 용맹한 모습의
조산만호 이순신. 《회본조선정벌기》권4)

72

이순신이 둔전관을 맡고 나서 추수가 시작되었다. 이순신은 경흥부사 이경록과 함께 군대를 인솔하고 녹둔도로 가서 추수를 도왔다. 그 사이에 갑자기 여진족이 쳐들어왔다. 많은 수의 여진족 병사들이 이순신 부대가 지키는 목책을 돌파하려 하였다. 목책 안에서 적을 맞아 싸우는 조선군 병사는 십여 명에 지나지 않았다. 중과부적이었다. 이순신은 목책에 의지한 채 활을 쏘아 달려오는 여진족을 거꾸러뜨렸다. 목책을 사이에 둔 공방전에서 여진족의 수장이 쓰러지자 적은 달아나기 시작하였다. 이순신과 이경록은 적을 뒤쫓아가 사로잡혀가던 우리 백성 60여 명을 구출하였다.

이날의 싸움에서 안타깝게도 우리 군사 십여 명이 목숨을 잃고, 160여 명의 백성들이 납치되었다. 이순신도 여진족이 쏜 화살에 맞아 왼쪽 다리를 다쳤다. 이순신은 피를 흘리면서도 부하들이 사기를 잃을까봐 몰래 화살을 뽑아버리고 끝까지 용전분투하였다. 녹둔도 전투로 인해 이순신은 아주 어려운 상황에 놓이게 되었다. 북병사 이일은 이순신에게 모든 책임을 뒤집어씌울 생각이었다. 그래서 죄를 시인하라는 취조를 벌이는가 하면 이순신을 극형에 처해야 한다고 조정에 건의하였다. 이순신에게 책임을 떠넘겨 자신의 허물을 덮자는 것이었다.

조정에서는 이순신이 패전했다고 보지 않았다. 하지만 조선군의 피해가 컸던만큼 이순신에게 백의종군해 공을 세우도록 조치하였다. 이렇게 하여 이순신은 첫 번째 백의종군을 당하게 되었다.

조선군은 다음해 1월 여진족 정벌에 나섰다. 이일이 이끄는 조선군 2,500명은 두만강을 건너 여진족 시전부락으로 쳐들어갔다.

200여 호의 가옥을 불태우고 수백 명의 적을 사살하는 전과를 올렸다. 백의종군의 몸으로 전투에 참가한 이순신은 공을 인정받아 백의종군의 족쇄에서 풀려났다.

전라좌수사가 되다

> 그때 왜적에 대한 소문으로 상황이 나날이 급박해지자, 임
> 금은 장수의 자질이 있는 사람을 천거하라고 비변사에 명
> 하였다. 나는 이순신을 천거하였다. 정읍현감에서 한참을
> 뛰어 수사水使에 임명되었으므로, 너무 빠른 그의 승진에
> 의심의 눈길을 보내는 사람들이 많았다.　　　　《징비록》

　　이순신은 고향집으로 돌아왔다. 이때 조정에서는 관직의 서열
에 관계없이 유능한 무관을 천거하도록 하였다. 전라남도 해안의 손
죽도가 왜구의 침입을 받은 것이 계기였다. 이순신에게 먼저 기회를
준 사람은 전라감사 이광이었다. 이순신은 다음해 2월 전라감사의
군관 겸 조방장이 되어 재기할 기회를 갖게 되었다.
　　이광 밑에서 9개월 남짓을 복무한 이순신은 선전관이 되어 잠시
상경했다가 이내 정읍현감에 제수되었다. 정읍현감은 종6품의 자리

그림33 〈호좌수영지〉湖左水營誌에 실린 전라좌수영의 모습. **77**

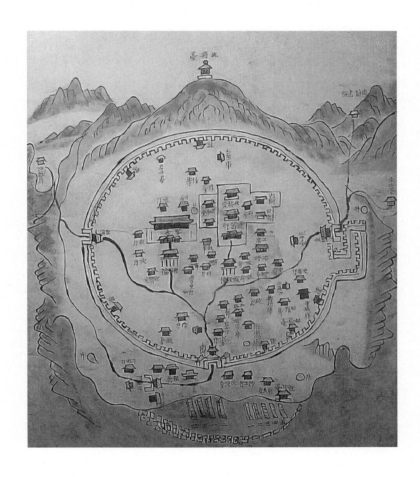

로 품계는 높지 않았지만, 이순신은 모처럼 긴장의 끈을 푼 채 고을 사또로서 안온한 생활을 보낼 수 있었다. 이순신은 태인현감도 겸임하였는데, 이순신의 청렴함과 공정하고 탁월한 업무 능력에 감화된 태인 사람들은 그를 태인현을 전담하는 사또로 모시고 싶어했다.

정읍현감으로 부임한 지 8개월 만에 이순신은 평안도 강계도호부 고사리진첨사로 발령받았으나, 대간들이 반대해 정읍현감 자리에 그대로 머물렀다. 그 다음달에는 당상관의 자리인 만포첨사에 제수되었지만, 대간들의 반대로 다시금 유임되었다. 뛰어난 장수를 발탁해 만일의 사태에 대비하겠다던 조정의 계획은 이처럼 성사되기 어려운 것이었다.

하지만 일본의 움직임이 심상치 않다고 생각한 우의정 유성룡은 국난에 대비할 장수로 이순신만한 사람이 없다고 생각했다. 그래서 이순신을 다시 천거해 진도군수(종4품), 가리포진첨사(종3품)로 거듭 발령낸 다음 임지에 이르기도 전에 전라좌도 수군절도사(정3품)로 만들었다. 전라좌수사가 된 이순신이 좌수영이 자리하고 있던 여수에 부임한 것은 1591년 2월, 그의 나이 47세 때의 일이었다.

【 옛 그림으로 보는 난중일기 】

그림34 《난중일기》亂中日記는 이순신이 임진왜란이 일어나기 직전인 1592년 1월부터 1598년 11월 노량해전에서 전사할 무렵까지 7년간의 일을 기록한 진중陣中 일기이다. 임진일기(1592년), 계사일기(1593년), 갑오일기(1594년), 을미일기(1595년), 병신일기(1596년), 정유일기(1597년), 속정유일기(1597년), 무술일기(1598년)로 구성되어 있었으나, 1595년의 을미일기를 제외한 7책이 남아 있다. 정식 명칭은 '이충무공난중일기부서간첩임진장초'李忠武公亂中日記附書簡帖壬辰章草이며, 2013년 유네스코 세계기록유산으로 등재되었다.

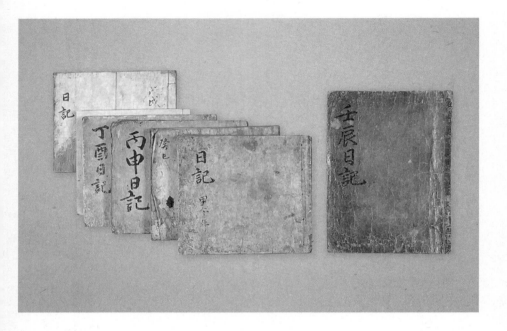

새벽에 아우 여필(이우신)과 조카 봉, 아들 회가 와서 함께 이야기를 나누었다. 어머니 곁을 떠나 남쪽에서 두 번이나 설을 쇠니 지극한 회한을 이길 길이 없다. 전라병사의 군관 이경신이 병사의 편지와 설 선물, 장전長箭(긴 화살), 편전片箭(짧고 촉이 날카로운 화살) 등 여러 물건을 전하러 가지고 왔다.

《난중일기》 1592년 1월 1일(양력 2월 13일)

《난중일기》는 임진전쟁의 상황을 구체적으로 알려주는 당대의 생생한 기록물이다. 첫 일기는 1592년 1월 1일자로 시작된다. 1591년 2월 이순신이 전라좌수영에 부임한 때부터 그해 말까지 어떤 일이 있었는지는 자세히 알 수 없다. 다행히 전쟁이 일어나기 전인 1592년 1월부터 3월까지의 일기가 남아 있어 어느 정도의 유추는 가능하다. 이순신은 만일의 전쟁에 대비해 군사를 훈련시키고 함선, 무

그림35 월북 화가 이여성이 그린 이순신 초상. **82**

기 등을 갖추는 데 온 힘을 기울였다.

한편 가족에 대한 다정다감한 면모를 엿볼 수 있다. 특히 어머니에 대한 이야기가 많이 등장한다. 이순신은 자신의 어머니를 가리켜 '천지'天只라고 기록하였다. 그만큼 어머니를 우러르고 애틋하게 모셨다.

> 궂은비가 개이지 않았다. 식사를 마친 뒤에 객사 동헌에 나갔다. 본영과 각 포구의 진무鎭撫(군의 실무를 맡아 보던 무관)들이 참가한 가운데 우등을 가리는 활쏘기 시합을 했다.
>
> 《난중일기》1592년 1월 12일(양력 2월 24일)

조선 병사들의 개인 주력 무기는 활이었다. 이순신은 군사들의 활쏘기 실력을 향상시키기 위해 끊임없는 훈련과 함께 동기부여를 위해 활쏘기 대회를 자주 열었다. 1592년 1~3월에만 30여 회의 활쏘기 대회가 열렸다. 흔들리는 배 위에서 활을 잘 쏘기 위해서는 부단한 훈련만이 해결책이었다.

> 동헌에 나가 공무를 본 뒤에 북쪽 봉우리의 봉수대 쌓는 곳에 오르니, 쌓은 상태가 매우 양호하다. 무너질 염려가 없겠으니 이봉수가 애썼음을 알겠다. 종일 살펴보다가 저녁이 되어서야 내려와 해자垓字 판 곳을 둘러보았다.
>
> 《난중일기》1592년 2월 4일(양력 3월 17일)

이순신은 전라좌수영 본영 뒷산인 종고산에 봉수대를 쌓아 유사시의 통신 체계를 정비하였다. 적들이 본영을 공격해 올 경우에 대비해 진지 주변에는 해자를 설치하였다. 본영 앞 바다에는 구멍 뚫은 큰 돌을 박고 그 사이에 쇠사슬을 걸어 튼튼한 방어벽을 형성하였다.

그림36 천자총통
그림38 현자총통
그림40 승자총통

그림37 지자총통
그림39 황자총통
그림41 호준포

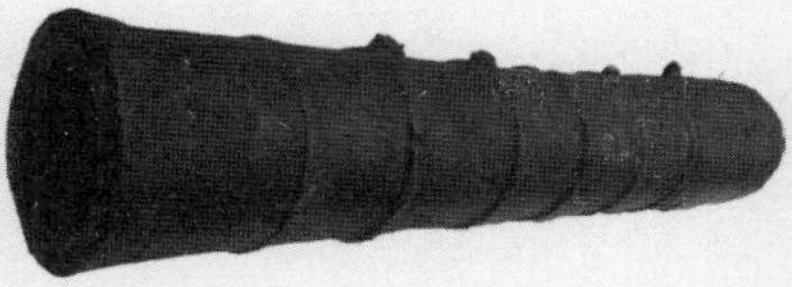

조선시대의 총통은 천자문 순서에 따라 이름을 붙였다.
천자총통이 가장 크고, 지자총통, 현자총통, 황자총통의
순으로 이어진다. 승자총통은 긴 총신을 사용해 사정거리를
개선한 것이며, 호준포는 임진전쟁 때 명나라에서
전래되었다. 천자총통의 사정거리는 500미터가 넘었으며,
현자총통, 황자총통도 300미터에 달했다. 판옥선에 장착한
각종 총통은 조선 수군의 경쟁력을 높여주었다.

거북선을 창제하다

> 맑다가 바람이 세게 불었다. 동헌에 나가 공무를 보았다.
> 거북선에 쓸 돛베 스물아홉 필을 받았다. 정오에 조이립과
> 변존서가 활쏘기 우열을 겨루었는데 변존서가 이겼다. 방
> 답에서 돌아온 우후虞候(병마절도사와 수군절도사의 보좌
> 관)가 방답첨사가 방비에 온 정성을 다하더라며 칭찬했다.
> 동헌 뜰에 돌기둥 화대를 세웠다.
>
> 《난중일기》1592년 2월 8일 (양력 3월 21일)

조선 수군의 주력선은 본래 맹선猛船이었다. 맹선은 바닥이 넓은
평저선 구조가 특징으로 곡물을 운반하는 조운漕運 겸용으로 사용되
었다. 그러던 것이 1555년의 을묘왜변을 거치면서 맹선의 크기를 키
우고 지붕을 덮어 2층으로 이루어진 판옥선板屋船을 건조하기 시작하
였다. 판옥선은 승선 인원이 125명 남짓에 이르는 대형 전투함으로

갑판이 높아 적병이 기어오를 수가 없었다. 백병전과 검술에 뛰어난 일본군을 상대로 아래를 향해 활을 쏠 수 있어 전투에 유리하고, 함포의 포좌가 높아 명중률이 높았다. 협선狹船은 판옥선의 부속선으로 활용된 소형 전투함이다.

> 판옥선만한 크기의 배 지붕을 판자로 덮고, 판자 위에 십자 모양의 좁은 길을 내 사람들이 다닐 수 있게 하였다. 그 밖의 부분에는 온통 칼과 송곳을 꽂아 사방 어디에도 발디딜 틈이 없었다. 앞머리에는 용머리를 만들어 붙였는데, 입은 총구멍 역할을 하였다. 거북이 꼬리처럼 생긴 배의 후미 꽁지 밑에도 총구멍이 나 있었다. 배의 좌우편에는 각각 여섯 개 씩의 총구멍을 냈다. 《이충무공행록》

이순신하면 뭐니뭐니해도 거북선을 떠올리지 않을 수 없다. 거북선 기사는 1592년 2월 8일자《난중일기》에 처음 등장한다. 이 날 거북선에 쓸 돛베가 도착하였고, 4월 11일에 돛을 만들어 달았다. 3월 27일에 거북선에 장착된 대포를 시험 발사하고, 4월 12일에는 지자포, 현자포를 쏘았다. 이것이 임진왜란 전에 기록된 거북선에 관한 기사의 전부다. 그래서 거북선이 어떻게 생겼고, 언제부터 누가 주도해 만들기 시작했는지 자세한 내용은 알기 어렵다. 다만 거북선이 임진전쟁이 일어나기 하루 전에 완성된 것은 참으로 다행이 아닐 수 없다. 이때 전라좌수영에서 건조된 거북선은 3척 정도로 추정된다.

그림42 조선 후기의 것으로 추정되는
《각선도본》各船圖本에 실려 있는 조운선(맹선). 군용으로
쓰일 때는 적절한 수의 노가 설치되고, 병사들이 전투할
수 있는 갑판을 깔았다. 판옥선은 맹선의 크기를 키우고
개량 발전시킨 것이다.

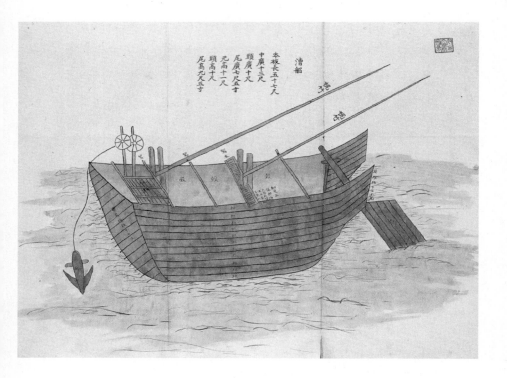

그림43 《각선도본》各船圖本 속에 실려 있는 판옥선 개념도.
판옥선은 밑바닥이 평평한 평저선으로 배의 회전반경이 작아
기동성이 뛰어나며, 갑판 위에 상장上粧 갑판을 설치해 전투원과
비전투원의 영역을 분리시킨 것이 특징인데, 임진전쟁 때 조선
수군의 주력전함이었다. 조선 수군은 적정한 거리를 유지한 채
대포나 활을 사용해 공격함으로써 크기가 작은 세키부네 중심의
일본 수군과의 전투에서 우위를 점할 수 있었다.

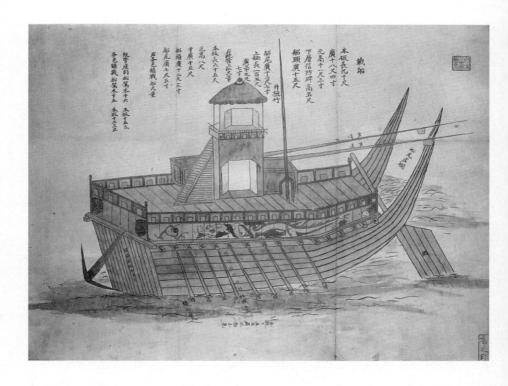

그림44 전라좌수사로 부임한 이순신은 군비 확충과
병사들의 훈련에 힘썼다. 그 가운데 백미는 거북선
건조를 꼽을 수 있다. (〈이순신 십경도〉)

그림45 《충무공이순신전서》(1795년) 속의
전라좌수영 거북선. 용머리 아래 또 하나의 용머리를
달고 덮개 위에 거북 무늬를 새긴 것이 특징이다.

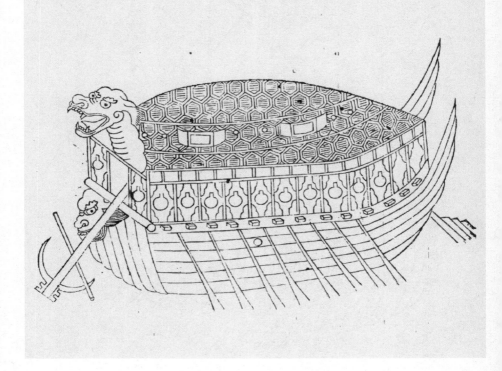

그림46 《충무공이순신전서》 속의 통제영 거북선.　　　**92**

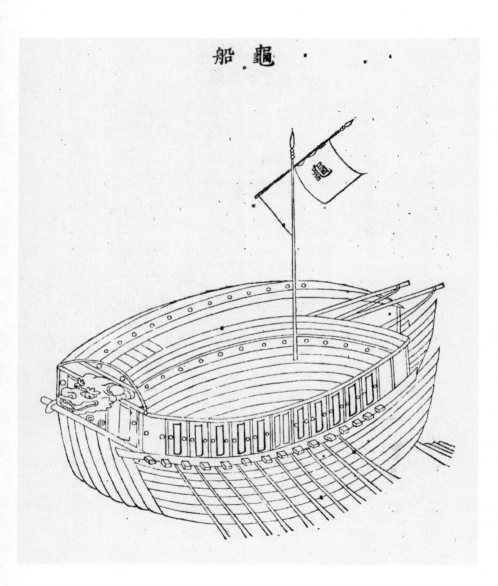

그림47,48,49 1948년 미군정하에서 발행된 50원짜리 우표와 1955년 해군 창설 10주년 기념우표 등 이순신과 거북선을 소재로 한 우표가 여러 차례 발행되었으며, 주화(그림 속의 주화는 1970년대에 사용된 100원짜리 동전)와 지폐의 도안으로도 즐겨 사용되었다.

그림50 고서화 속의 거북선 그림. 임진전쟁 이후
거북선 기지창을 그린 그림으로 추정되며, 일본에서
발견된 것을 재미동포 윤원영 씨가 구입해 공개하였다.

이충무공귀선가

황현

...

좌수영 남문이 활짝 열리니
둥둥둥 북소리 울리며 거북선 떴네
거북인듯 아닌듯 배인듯 아닌듯
우뚝 솟아 큰 포말 일으키네
네 발은 빙글 도는 수레바퀴 되고
겨드랑 비늘 들추면 총구멍일세
스물네 개의 노가 물결 속에서 춤추고
노 젓는 군사는 물 밑에서 누웠다 앉았다
코로 검은 연기 내뿜고 눈엔 붉은 칠
펼치면 용 같고 움츠리면 거북 같은데
겁에 질려 울부짖는 왜놈들
노량 바다 한산 바다 붉은 핏물 출렁이네
...

아침 일찍 출항해 개이도(여천군 개도)에 이르니, 여도진
의 배와 방답진의 배가 마중하러 나와 기다리고 있었다. 날
이 저물어서야 방답에 이르러 공사례를 마치고 무기를 점
검했다. 장전과 편전은 하나도 쓸 만한 것이 없어 고민이
다. 전선은 좀 온전한 편이니 그나마 기쁜 일이다.

《난중일기》 1592년 2월 26일(양력 4월 8일)

이순신이 수사를 맡은 전라좌수영 휘하에는 5관5포가 있었다.
육지쪽 행정구역인 5관에는 순천도호부, 광양현, 낙안군, 보성군, 홍
양현이 속하고, 방답, 여도, 사도, 녹도, 발포의 5포는 수군 조직이었
다. 발포는 한때 이순신이 만호로 근무한 곳이다. 전라좌수영은 영호
남의 4개 수영 가운데 관할영역이 가장 협소했다. 7관10포의 경상좌
수영, 12관15포의 전라우수영에 비하면 2분의 1 남짓한 규모에 지나
지 않았다.

이순신은 곧 전쟁이 일어날 것을 예감했던 것일까? 《난중일기》
기사를 미루어보건대 이순신은 부임하자마자 자신이 관장하는 지역
을 돌며 현황을 점검하고 군비 강화에 박차를 가했다. 녹도처럼 방어
태세를 잘 갖춘 곳은 칭찬하고, 훈련을 게을리하거나 군비 관리가 허
술한 곳에는 가차없는 벌을 내렸다.

맑다. 동헌에 나가 공무를 보았다. 군관들은 활쏘기를 하였
다. 저물녘이 되니 서울에 갔던 진무가 돌아왔다. 좌의정(유
성룡)의 편지와 《증손전수방략》增損戰守方略이라는 책을 가지

> 고 왔다. 수전, 육전, 화공전을 비롯한 모든 전투의 전술을
> 하나하나 설명했는데, 진정 만고에 드문 훌륭한 책이다.
>
> 《난중일기》 1592년 3월 5일(양력 4월 16일)

유성룡은 이순신의 평생지기이자 후원자였다. 둘은 함께 나라의 앞날을 걱정하고 전쟁중에도 국난을 이겨낼 지혜를 나누었다. 전쟁이 일어나기 직전에 유성룡이 이순신에게 보냈다는 《증손전수방략》이 어떤 책인지는 내용이 전하지 않아 자세히 알 수 없다. 좌수사가 된 이순신은 해전 전술에 대해 나름 깊이 연구했을 것이다. 이 책의 내용을 이순신이 높이 평가한 걸로 보아 수전과 화공전 등 자신이 필요로 하는 전술에 대한 유용한 정보가 들어 있었을 것으로 짐작된다.

그림51 조선 후기 수군의 훈련 모습을 그린 수군조련도. 통제영에서 경상도, 전라도, 충청도 3도의 수군이 모인 가운데 봄과 가을에 걸쳐 정기적인 훈련이 개최되었다.

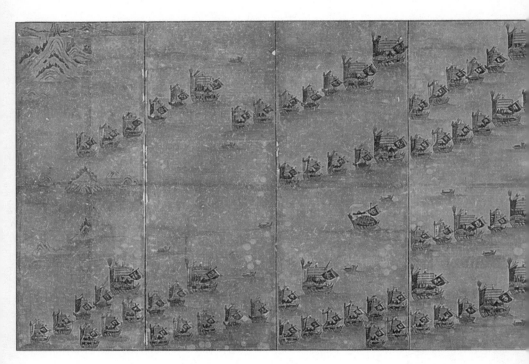

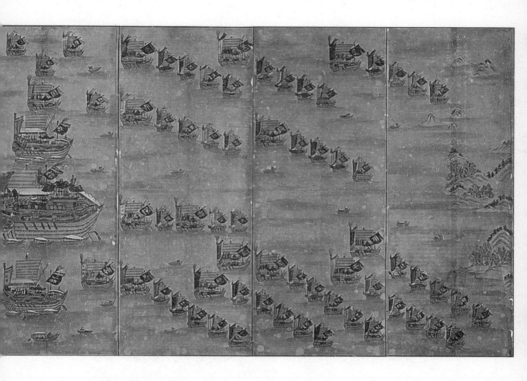

그림52 고니시 유키나가의 일본군 선봉대는 1592년 4월 13일 저녁 부산포 앞바다에 도착하였으며, 다음날 아침 부산진 공격을 개시하였다. 부산진전투를 그린 변박의 〈부산진순절도〉.

그림53　부산진을 무너뜨린 일본군은 다음날
동래성으로 진격하였다. 동래부사 송상현과 관민이
힘껏 싸웠지만 중과부적으로 성이 함락되었다. 많은
수의 병사와 백성들이 일본군에게 참혹한 죽임을
당하였다. (〈동래부순절도〉)

전쟁의 포성이 울리다

나라 제삿날(성종비 공혜왕후의 제삿날)임에도 공무를 보았다. 순찰사에게 보내는 답장과 별도의 문서를 작성해 역졸에게 들려 보냈다. 해질 무렵에 경상우수사(원균)의 통첩이 도착하였다. 왜선 90여 척이 부산 앞바다 절영도(영도)에 정박했다고 한다. 동시에 경상좌수사(박홍)의 공문이 도달하였다. 왜적 350여 척이 이미 부산포 건너편에 이르렀다는 것이다. 즉시 장계를 올리고, 아울러 순찰사(이광), 병사(최원), 우수사(이억기)에게 공문을 보냈다. 경상관찰사(김수)의 공문도 왔는데, 마찬가지 내용이었다.

《난중일기》 1592년 4월 15일(양력 5월 25일)

밤 열 시쯤에 경상우수사의 공문이 왔다. 부산진이 이미 함락되었다고 한다. 분하고 원통한 마음을 이길 수가 없다.

> 즉시 장계를 올리고, 삼도(경상, 전라, 충청)에도 공문을
> 보냈다. 《난중일기》 1592년 4월 16일(양력 5월 26일)

> 낮 두 시쯤 경상우수사의 공문이 왔다. 동래가 함락되고,
> 양산, 울산 두 고을의 수령도 조방장으로 성을 지키다가 패
> 했다고 한다. 정말 통분하여 말을 이을 수가 없다. 병사(이
> 각)와 수사(박홍)가 군사를 이끌고 동래 뒷쪽에 이르렀다
> 가 그만 회군했다고 하니 더욱 가슴이 아프다.
> 《난중일기》 1592년 4월 18일(양력 5월 28일)

1592년 4월 13일 저녁, 쓰시마를 떠난 왜선 700여 척이 부산포 앞바다를 가득 메우며 들어왔다. 임진전쟁이 시작된 것이다. 고니시 유키나가가 이끄는 일본군 선봉대는 다음날 아침 부산진을 겹겹이 에워쌌다. 부산진은 맥없이 무너졌다. 일본군은 곧바로 동래성으로 진격하였다. 동래성의 병사와 백성들이 죽기를 각오하고 싸웠지만, 조총을 앞세운 일본군의 무력을 당해낼 수 없었다.

가토 기요마사 휘하의 제2군과 구로다 나가마사 휘하의 제3군 이 고니시 군의 뒤를 이어 상륙하였다. 순식간에 조선 땅에 발을 디 딘 일본군의 숫자는 15만 8천여 명이나 되었다. 여기에 수군 병력 1 만 명이 가세하였다.

일본군이 쳐들어오고 부산포와 동래 등이 잇따라 적의 수중에 떨어지자 여수에 머물고 있던 이순신에게도 4월 15일부터 연일 급보 가 날아들었다. 이순신은 경계 수위를 높이고 방어선을 구축하는 일

그림54 부산진성을 공격하는 일본군. (《회본조선군기》 권2)

104

그림55 일본군 선봉대의 한 갈래는 낙동강 하구의
다대포성을 공격하였다. 다대포첨사 윤흥신이
병사들과 함께 분전하였으나 끝내 전사하고 말았다.
《회본조선군기》권2)

에 더욱 박차를 가하였다. 당시 조선군의 절대적인 원칙 가운데 하나
는 자신이 맡은 구역을 책임지는 것이었다. 함부로 부대가 관할하는
범위를 넘어 군사를 움직일 수는 없었다.

경상도관찰사 김수는 전라좌수군이 구원에 나서줄 것을 조정에
요청하였다. 이순신은 '나라의 수치를 씻기' 위해 '출전하라'는 조정
의 명령을 기다린다는 장계를 올렸다. 4월 27일 조정은 경상우수사
원균과 합세하여 적을 쳐부수라는 명령을 전달하였다. 다음날에는
원병을 요청하는 원균의 공문이 날아들었다. 이순신은 출진 채비를
서둘렀다.

일본군, 파죽지세로 북진하다

> 임금이 탄 가마가 궁궐을 빠져나갔다. 궁궐을 지키던 군사들
> 마저 모두 달아나느라 어둠 속에서 이리저리 부딪쳤다. …
> 돈의문을 지나 사현 고개에 이르자 동이 트기 시작하였다.
> 눈길을 돌려 도성 안을 바라보니 남대문 안쪽 큰 창고에서
> 불길이 일며 연기가 하늘로 솟구치고 있었다. 고갯마루를 넘
> 어 석교에 도착할 즈음 비가 내리기 시작하였다.   《징비록》

부산 일대를 장악한 일본군은 파죽지세로 북진을 계속하였다.
조선 조정은 가장 뛰어난 맹장으로 평가 받던 이일과 신립을 보내 일
본군을 막게 하였다. 이일은 상주에서 고니시 군과 맞닥뜨렸으나 패
퇴하였으며, 충주 탄금대에 배수진을 치고 일본군과 맞선 신립 역시
중과부적으로 참패하고 말았다. 센코쿠 시대를 거치며 숱한 전장을
누빈 일본군은 전쟁기계라고 할 수 있을 만큼 잘 훈련되고 풍부한 경

그림56 고니시 유키나가의 제1군과 가토 기요마사의
제2군은 선봉을 다투며 한성으로 치고 올라갔다.
고니시 유키나가와 가토 기요마사는 전쟁 기간 내내
서로 경쟁하였으며, 일본으로 돌아가서도 적으로
맞섰다. 《회본조선정벌기》 권6)

그림57 일본군의 잔인함은 말로 형언할 수가 없었다.
그 가운데서도 가토 기요마사는 야차 같은 잔혹함으로
공포의 대상이었다. 《회본태합기》 6편 권5)

그림58 　조선 조정은 가장 뛰어난 장수로 평가 받던
이일과 신립을 보내 일본군을 막게 하였으나, 두 사람
모두 허무하게 패배하고 말았다. 일본 군기물에서는
신립과 함께 탄금대에서 싸운 김여물을 화살을
맞으면서도 단기필마로 일본에 맞선 용장으로 그리고
있다. 《회본조선군기》 권3)

그림59 신각은 양주 해유령전투에서 일본군을
무찔렀는데 비록 소규모 전투이나마 임진전쟁에서 첫
승리를 거둔 육군 장수이다. 하지만 그가 탈주한 것으로
오해한 무능한 정부에 의해 억울한 죽임을 당하였다.
일본군을 압도하는 신각의 전투 모습. (《회본조선군기》
권4)

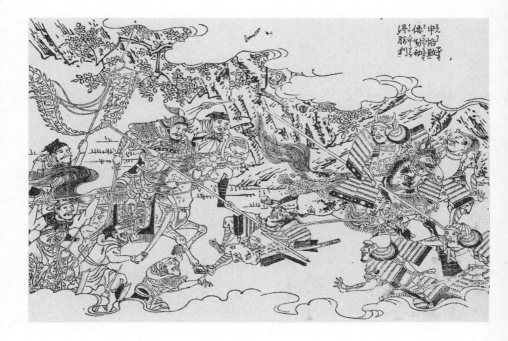

그림60　선조는 일본군이 한성 가까이 다가오고
있다는 말을 듣고 백성들 몰래 야반도주하였다. 그는
평양으로 피신하였다가 명나라로 들어가겠다며 다시
북쪽 끝 의주로 옮겨갔다. (《회본조선군기》 권3)

험을 갖고 있었다. 반면에 조선군은 군비도 제대로 갖추지 못했을 뿐 아니라, 실전 경험이 없었다. 잇따른 패전 소식에 다급한 조선 조정은 한성을 버리고 북쪽으로 파천하였다.

일본군은 선조가 떠난 지 사흘 만에 한성에 무혈 입성하였다. 부산에 상륙한 지 겨우 20일 만의 일이었다. 일본군은 다시 평안도, 함경도, 황해도로 진격해 갔다. 선조가 일시 파천한 평양도 이내 일본군의 수중에 들어갔다. 함경도를 포함한 거의 전 국토가 일본군에 짓밟히고 말았다. 조선은 건국 후 200여 년 동안 이렇다 할 큰 전란을 겪지 않았다. 오랜 평화 속에서 내부 정쟁이 계속되어 정치가 혼란스러웠을 뿐 아니라, 갈수록 문치주의가 득세해 무武를 천시하였다. 상비군 체제가 무너져 북부 국경지방과 남부 해안지대를 빼면 문서상으로만 병력이 존재하였다.

같은 무렵 일본에서는 새로운 형세가 전개되고 있었다. 15세기 말부터 각 지역을 다스리던 영주들이 패권을 차지하기 위해 서로 싸웠다. 100여 년에 걸친 센코쿠 시대의 혼란을 끝낸 최후의 승자는 도요토미 히데요시였다. 도요토미는 봉건 지배권을 강화하는 한편, 명나라의 힘이 쇠약해지는 것을 보고 해외정복이라는 망상을 품게 되었다. 전쟁과정에서 형성된 제후들의 무력은 큰 두통거리였다. 도요토미는 잠재적 위협세력으로 꼽히던 다이묘들을 전쟁에 앞장세워 그들의 무력을 제어하는 한편, 정복한 땅을 나누어주어 자신의 휘하에 복속시키고자 하였다. 임진전쟁은 도요토미 개인의 과욕에다 정치적 경제적 상황이 합쳐져 발발하였다고 할 수 있다.

도요토미 히데요시는 1591년 규슈 해안가에 침략 전진기지인

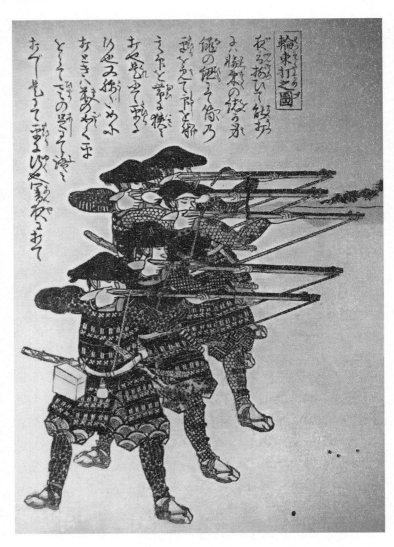

포르투갈 상인에 의해 일본에 전래되었다. 하늘을 나는 새鳥도 떨어뜨리는
위력을 지닌 총이라는 뜻으로 명나라에서 '조총'이라 이름하였다.
일본에서는 '종자도총'種子島銃 또는 '철포'鐵砲라고 불렀다. 불이 붙은
화승을 용두에 끼운 다음 방아쇠를 당기면 점화용 화약에 불이 붙어
총알이 발사된다. 개인화기로 활을 사용하던 조선군에 비해 전술적 우위를
점하였지만, 탄약을 장전해 발사하는 시간이 오래 걸리는 게 단점이었다.
이를 보완하기 위해 일본과 중국에서는 부대를 셋으로 나누어 교대로
사격하는 전술이 개발되었다.

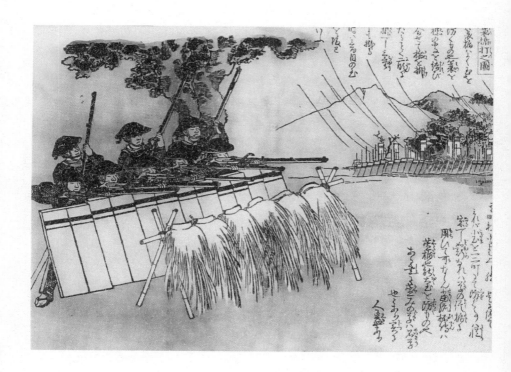

나고야名護屋 성을 쌓고, 대규모 전함의 건조에 착수하였다. 이어서 병력 대동원령을 내렸다. 수십 명의 밀정을 조선에 들여보내 조선의 형편을 살피고, 침략에 사용할 지도를 제작하는 등의 준비도 갖추었다.

초기 전투에서 승승장구한 일본은 모든 것이 자신들의 계획대로 진행되는 듯이 착각하였다. 하지만 일본의 계획은 이내 어그러지기 시작하였다. 그 출발점은 조선의 수군이었다. 정확히 말하면 이순신의 수군이었다.

경상도 해안을 방비하는 조선 수군은 경상좌수영과 경상우수영이 있었다. 그런데 적의 급작스러운 침입으로 경상좌수영의 수군은 전쟁다운 해상전투 한 번 벌이지 못한 채 궤멸되었다. 수군들은 바다를 버리고 육지에서 전투를 치러야 했다. 경상우수영의 상황도 별반다르지 않았다. 거제도에 본영을 두고 있던 경상우수군은 일본군의 군세를 직접 눈으로 지켜볼 수 있었다. 경상우수사 원균은 초기에는 '수군을 이끌고 바다로 나가 적선을 엄습할 계획'이라고 조정에 보고하였지만, 4월 28일 이순신에게 보낸 공문에서는 경상우수영이 이미 일본군에게 함락되었다고 쓰고 있다. 일본 수군의 공격으로 패퇴했다는 설과 군영을 불태우고 전함, 화포, 군기를 스스로 수장시켜 왜적을 피하려 했다는 설이 있다.

그림63 나고야성은 당시 오사카성 다음으로 큰 규모였다. 전국에서 모여든 다이묘들의 진지가 130개 이상 성 주위에 건립되어 인구 20만이 넘는 도시가 눈 깜짝할 사이에 출현하였다. (〈히젠나고야성도병풍〉의 항구 주변 부분도)

그림64　고니시 유키나가의 선봉대가 부산을
점령해 교두보를 확보하자 후속부대가 속속 한반도에
상륙하였다. 일본 육군의 총사령관은 도요토미
히데요시의 사위(양녀의 남편)로 스무 살에 불과한
우키타 히데이에였다. 《회본조선군기》권2)

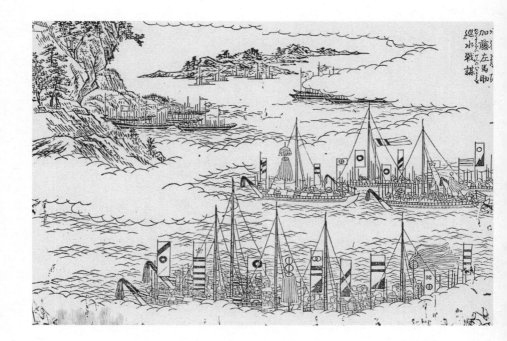

그림65 일본 수군은 4월 27일 육군의 뒤를
이어 부산으로 들어왔다. 이들은 한반도 남해안을
돌아 육군과 연락을 유지하며 북진할 계획이었다.
《회본조선군기》권6)

의문의 경상좌수군

경상좌수영은 7관(기장현, 울산군, 동래현, 경주부, 흥해군, 장기현, 영해도호부) 10포(부산포, 다대포, 두모포, 개운포, 서생포, 포이포, 칠포, 서평포, 감포, 축산포)를 거느리는 수군 조직으로 현재의 부산 수영동 일대에 본영이 있었다. 경상우수영과의 경계인 낙동강 동안에서부터 지금의 영덕 지방인 흥해군까지가 관할구역이었다.

임진전쟁 직전에 경상좌도 각지에 흩어져 있던 병력을 동래, 부산진 인근으로 재배치하는 등 일본군의 침입에 대비하기 위한 조치가 취해졌다. 하지만 일본군의 침공을 가장 먼저 받아 개전과 동시에 경상좌수군은 궤멸되고 말았다.

임진전쟁 개전 당시의 경상좌수사는 박홍이었다. 유성룡은《징비록》에 "좌수사 박홍은 적의 세력이 강성한 것을 보고는 감히 출병하지 못한 채 성을 버리고 도주했다"고 기술하였다. 그는 왜적이 쳐들어왔다는 장계를 올리고는 한 번 싸워보지도 않고 한성까지 쫓겨갔다. 도원수 김명원 밑에 들어가 임진강전투에 참가하였으나, 이듬해 병사하였다.

일본군과 조선군의 첫 전투는 부산진전투였다. 부산진은 경상좌도 10포 가운데 하나였다. 부산진첨절제사 정발은 부산진성에서 싸우다 순절하였다. 다대포첨사 윤흥신도 성에서 일본군을 맞아 싸우다 전사하였다. 나머지 8포 수군이 어떻게 되었는지는 분명한 기록이 없다. 달아나거나 육군으로 전환되었을 것이다. 이렇듯 경상좌수군은 단 한 번 수군의 본령인 해전을 수행할 사이도 없이 사라지고 말았다.

수군이 모두 본영 앞바다에 모였다. 비는 오지 않고 흐린데
남풍이 세게 불었다. 진해루에 앉아 방답첨사, 흥양현감,
녹도만호 등을 불러들였다. 모두 분격하여 제 한 몸을 돌보
지 않는 모습이 실로 의로운 자들이다.

《난중일기》 1592년 5월 1일(양력 6월 10일)

전라우수사가 수군을 끌고 오기로 약속을 정하였는데, 방
답의 판옥선이 첩입군을 싣고 오는 것을 우수사가 온다고
기뻐하였다. 군관을 보내 알아보니 방답 배였다. 실망하였
다. 조금 뒤에 녹도만호(정운)가 보자고 해 불러들였더니,
'우수사는 오지 않고 왜적은 점점 서울 가까이 다가가니 통
분한 마음을 이길 길이 없거니와, 때를 늦추다가는 후회해

그림66 1872년 무렵의 옥포진성. 옥포해전은
이순신 부대가 일본 수군과 싸운 첫 전투였다. 두려움
속에서 일본군과 싸워 크게 이기자 조선 수군의 사기는
충천하였다.

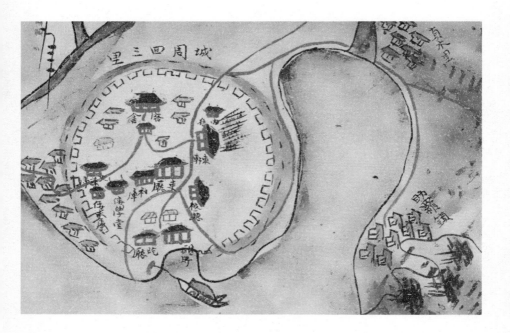

도 소용없다'는 것이었다. 그래서 곧 중위장을 불러 내일 새벽에 떠날 것을 약속하고…

《난중일기》 1592년 5월 3일(양력 6월 12일)

경상도 수군이 무너져버렸기 때문에 남쪽 바다를 지키는 일은 전라도 수군이 맡아야 했다. 이순신의 부대는 5월 4일 새벽 여수 바다를 떠나 동쪽으로 향했다. 전라우수군과 합류하기로 하였으나 도착이 지체되는 바람에 먼저 출진하였다. 함대는 판옥선 24척, 협선 15척, 포작선 46척으로 구성되었다. 함대는 남해 끝자락의 미조항을 통과해 조심스레 앞으로 나아갔다. 고성 소비포에서 밤을 보낸 다음 경상우수군과 만나기로 약속한 당포에 이르렀다. 하지만 원균의 부대는 그림자도 보이지 않았다. 다음날 오전에야 원균은 모습을 보였는데, 그가 탄 단 1척의 판옥선뿐이었다. 이순신과 원균이 만나 앞으로의 전투를 의논하는 동안 그나마 다행히도 흩어졌던 원균의 부하들이 판옥선 3척, 협선 2척에 나누어 탄 채 합류하였다. 한데 합친 부대는 거제도 남단의 송미포에 이르러 하룻밤을 보냈다.

5월 7일 새벽에 다시 출항한 함대는 왜선이 머물고 있는 가덕도를 향해 노를 저었다. 정오쯤 옥포 앞바다를 지나고 있었다. 그러던 중 앞서 나아가며 적의 동태를 살피던 척후선에서 신기전神機箭이 날아 올랐다. 적군을 발견했다는 신호였다. 마침 옥포만에 적선 50여 척이 정박해 있었던 것이다. 일본군은 포구로 들어가 노략질 중이었다. 방화로 온 산에 연기가 가득했다. 돌진해 들어가자 당황한 일본군은 허둥지둥 배에 올랐다. 조선 수군은 적을 동서로 에워싼 채 우

그림67 일본 기록인《고려선전기》등을 보면
옥포해전 당시의 일본군 수장은 도도 다카토라라고
되어 있다. 도도 다카토라는 나중의 칠천량전투에서
원균이 이끄는 조선 수군을 섬멸하는 데 공을 세웠다.
《회본조선정벌기 권4》)

레와 같이 대포를 쏘고 화살을 퍼부었다. 모두 26척의 적선을 깨뜨리고 불살랐다. 옥포만은 일본군의 피로 물들고, 살아남은 자들은 산으로 도망쳤다. 이들 일본 함선의 수장은 도도 다카토라였다. 도도 다카토라는 20여 척의 배와 함께 가까스로 목숨을 건져 도망하였다. 산세가 험준해 산으로 도망친 적병을 쫓지는 못하였다.

조선 수군의 첫 승리였다. 큰 승리에도 불구하고 조선 수군은 단 1척의 배도 잃지 않았다. 첫 전투에서 대승을 거둠으로써 이순신 부대의 사기는 하늘을 찌를 듯 용솟음쳤다. 승리를 거둔 함대는 거제도 동쪽 해안을 북상해 북쪽 끝의 영등포에서 하룻밤을 보낼 예정이었다.

유숙할 준비를 하는 동안 오후 4시쯤 긴급보고가 올라왔다. 멀지 않은 바다에 왜선 5척이 지나간다는 척후장의 보고였다. 이순신 부대는 이들을 뒤쫓았다. 합포에 다다른 일본군은 배를 버리고 육지로 도망쳤다. 조선 수군은 적함에 불화살을 쏘아 5척 모두를 불태웠다. 합포해전이었다. 승리를 거둔 함대는 창원 남포 앞바다에 진을 치고 밤을 보냈다.

다시 날이 밝았다. 왜선이 진해 고리량에 정박해 있다는 기별이 들어왔다. 이들을 찾아나선 조선 함대는 고성 적진포에 이르렀다. 왜선 13척이 눈에 띄었다. 일본군은 포구 안의 민가를 분탕질하다가 조선 수군의 위세를 겁내어 산으로 도망쳤다. 조선군은 텅 빈 왜선을 모조리 불질러버렸다.

이틀 동안 세 번의 전투에서 승리한 이순신 부대는 5월 9일 무사히 여수 본영으로 귀환하였다.

거북선, 적진을 향해 돌격하다

> 새벽에 출항해 바로 노량에 이르렀다. 경상우수사와 미리
> 약속한 곳에서 만나 함께 상의했다. 왜적이 있는 곳을 물으
> 니, '적들은 지금 사천선창에 있다'고 하였다. 바로 그곳으
> 로 달려갔다.　　　　《난중일기》 1592년 5월 29일(양력 7월 8일)

　적진포해전에서 승리를 거둔 이순신에게 안타까운 비보가 날아
들었다. 임금이 평안도로 피난을 갔다는 소식이었다. 일본군의 가공
할 힘을 느낄 수 있었다. 적의 규모가 도대체 얼마인지도 알기 어려
웠다. 나라의 운명이 바람 앞의 등불처럼 느껴졌다. 그러면서 새삼
전의를 다졌다. 이제 수군만이 희망이었다.

　이순신은 담담한 필체로 1차 출정의 승리 기록인 〈옥포파왜병
장〉玉浦破倭兵狀을 써서 조정에 올렸다. 연이은 육지에서의 참담한 패배
로 치욕스러운 피란길에 올랐던 선조는 기쁨을 감출 수 없었다. 즉시

이순신의 품계를 가선대부嘉善大夫로 올려주었다. 이순신의 승리는 육군에게도 패배감에서 벗어날 수 있는 계기를 마련해 주었으며, 전국 각지에서 의병이 일어나는 동력을 제공하였다.

옥포 등지에서 조선 수군에 큰 손실을 입었음에도 불구하고 일본 수군은 서해안으로 진출하려 하였다. 일본군의 기본전략은 수륙병진책이었다. 육군이 한반도를 거슬러 치고 올라가고 이에 발맞추어 수군이 서해로 북상하며 협공한다는 전략이었다. 조만간 일본 수군이 공격해 올 것은 분명했다. 이순신은 다시금 전라우수사 이억기에게 전령을 보내 힘을 합쳐 싸울 것을 요청했다. 이억기도 기꺼이 호응했다. 두 부대는 6월 3일 전라좌수영에서 합류하기로 하였다.

그런데 5월 27일 경상우수사 원균의 다급한 전갈이 당도하였다. 적의 함대가 사천, 곤양 쪽으로 들어오고 있다는 것이었다. 위기를 느낀 원균의 부대는 남해 노량으로 이동하였다. 노량은 여수 앞바다에서 지척간이었다. 위기를 직감한 이순신은 이틀 후 즉시 출정에 나섰다. 전라우수군을 기다릴 여유가 없었다. 이순신은 선배 수군 장수 정걸에게 전라좌수영의 지휘를 맡겨 자신의 빈 자리를 대신하게 하고, 원균이 기다리는 노량으로 향했다.

신은 일찍이 섬나라 오랑캐들이 쳐들어올 것을 걱정해 특별히 거북선龜船을 만들었습니다. 배의 앞머리에는 용머리를 설치하였는데, 입에서 대포를 쏠 수 있습니다. 등에는 쇠못을 꽂아 두었습니다. 배 안에서는 바깥을 잘 살필 수 있지만, 바깥에서는 배 안을 들여다볼 수 없습니다. 수백 척의

적선 사이를 돌격해 들어가 포를 쏠 수 있는데, 이번 출동시
에는 돌격장이 승선하였습니다.

　먼저 거북선에 명령을 내려 적선을 향해 돌격하게 하였
습니다. 그리고 천자총통, 지자총통, 현자총통, 황자총통
등의 각종 총통을 쏘게 하였습니다.

이순신 장계 〈당포파왜병장〉唐浦破倭兵狀

　이순신의 함대는 노량에서 원균의 부대와 합류하였다. 일본군
의 행방을 묻고 있을 때 곤양에서 나와 사천으로 몰래 노를 저어가는
왜선 1척을 발견하였다. 선봉대가 급히 쫓아가 배를 불태워버렸다.
이순신과 원균의 함대는 사천을 향해 나아갔다. 사천 선창에는 왜선
12척이 줄을 지어 정박해 있었다. 일본군은 산세가 험한 곳으로 올라
가 진을 치고 있었다. 일본군은 양날칼을 휘두르며 조선군을 깔보았
는데, 화살이 미치지 못하는 거리였다. 이순신은 전투 지형상의 불리
함을 극복하기 위한 유인책을 생각해 냈다. 퇴각하는 모양새를 보이
자, 절반쯤의 일본군이 산에서 내려와 조총을 쏘며 좋아라 날뛰었다.
때마침 조수가 밀물로 바뀌어 판옥선이 항구로 진입할 수 있게 되었
다. 조선 수군은 뱃머리를 돌려 반격에 나섰다. 거북선이 앞장서 돌
진하였다. 이때 처음으로 두 척의 거북선이 전투에 참가하였다. 뒤따
르는 전선들도 일제히 총포와 화살을 우레와 같이 쏟아부었다. 왜선
에 불이 붙어 포구가 불바다로 변하였다. 살아남은 일본군은 언덕 위
로 도망쳐버렸다. 날이 저물어 육지로 올라간 적의 뒤를 쫓을 수는
없었다. 조선 수군은 사천땅 모자랑포로 옮겨 밤을 보냈다.

그림68　거북선은 사천해전에 처음 등장해 돌격선의
역할을 수행하였다. 후대의 일본 군기물에는 독특한
형태의 거북선이 등장한다. 거북선에 대한 정보가
부족한 가운데 상상 속의 신비화가 이루어진 까닭이다.
《회본태합기》6편 권6)

그림69　전투하는 병사들을 강조하다 보니 거북선과
전함의 모습이 희화적으로 그려졌다. 《회본조선군기》
권6)

적의 총알에 맞아 죽을 정도는 아니지만 어깨뼈를 깊이 상하였습니다. 항상 갑옷을 입고 있으므로 상처가 짓물러 진물이 흐릅니다.

유성룡에게 보낸 편지

이날 싸움에서 거북선을 건조하는 데 큰 공을 세운 군관 나대용이 탄환에 맞는 등 아군은 경미한 피해를 입었다. 이순신도 왼편 어깨에 조총 탄환을 맞았다. 이순신은 전투 중에 자신이 부상당하였다는 사실을 알리지 않은 채 태연히 전투를 지휘하였다. 전투가 끝난 다음에야 부하를 시켜 칼끝으로 총탄을 파내게 하였다.

아침에 떠나 곧장 당포 선창 앞에 이르니, 적선 20여 척이 줄지어 정박해 있었다. 적선 가운데 큰 배 한 척은 우리나라 판옥선만 하였다. 배 위에 지은 누각은 높이가 두 길은 되겠고, 그 누각 위에 왜장이 버티고 앉아 끄덕도 아니하였다. 화살과 승자총통을 비 오듯 쏘아대니, 적장이 화살을 맞고 굴러 떨어졌다. 그러자 놀란 왜적들이 단번에 흩어졌다.

《난중일기》 1592년 6월 2일(양력 7월 10일)

사천에서 승리를 거둔 이순신의 함대는 사량도에서 휴식을 취하고 있었다. 6월 2일 아침 일찍 적의 배가 통영 미륵도 서쪽의 당포에 있다는 소식이 들려왔다. 일본군은 당포에서 노략질을 벌이는 중이었다. 이번에도 거북선이 돌격의 선봉에 섰다. 일본군은 조총을 쏘며 맞섰다. 대장선인 아타케부네의 붉은 비단 휘장이 드리워진 누각

그림70 사천해전에서 이순신은 전투중 적의 탄환을
맞았다. 이순신은 전투가 끝난 다음에야 부하를 시켜
칼끝으로 총탄을 파내게 하였다.

그림71　일본 소설 속에서 사천해전 당시의 이순신은
팔에 총탄을 맞고도 태연자약한 무사다운 모습으로
등장한다. 《조선정벌기》

에서 적장이 조금도 두려워하는 기색 없이 전투를 지휘하고 있었다. 거북선이 들이받을 듯이 다가가면서 대포를 쏘아 대장선을 깨뜨렸다. 뒤따르던 전선들도 대포와 화살을 마구 퍼부었다. 중위장 권준이 돌진하며 적장을 쏘아 맞혔다. 화살에 맞은 적장은 누각에서 굴러 떨어졌다. 대장을 잃은 일본군은 뿔뿔이 달아나기 시작하였다. 이날 당포에 머물던 일본 함대 21척은 모조리 파괴되었다. 목숨을 잃은 일본군의 수는 헤아릴 수조차 없었다.

이때 적의 후방 기습을 살피던 탐망선에서 급한 보고가 당도하였다. 적의 대선 20여 척이 많은 소선을 거느리고 오고 있다는 것이었다. 요격하기 위해 뒤쫓으니 왜선들은 거제 쪽으로 달아나 버렸다. 이미 날이 어두워져서 진주땅 창신도로 가 하룻밤을 보냈다.

> 그날 당포에서 적과 싸우던 중 우후 이몽구가 왜장선을 수색해 찾아낸 금부채 한 자루를 신에게 보냈습니다. 부채의 한쪽 면 중앙에는 '6월 8일 수길秀吉'이라는 서명이 들어가 있고, 오른쪽에는 '우시축전수'羽柴筑前守라는 다섯 글자가, 왼쪽에는 '구정유구수전'龜井琉球守殿이라는 여섯 글자가 적혀 있었습니다.
>
> 이순신 장계 〈당포파왜병장〉

당포해전에서 이순신은 희귀한 부채 하나를 습득하였다. '히데요시'秀吉의 서명이 들어가 있는 금칠한 둥글부채였다. 이순신은 도요토미 히데요시가 '하시바치쿠젠노카미'羽柴筑前守라는 장수에게 준 증표라고 생각해, 이 부채를 조정에 올려 보냈다. 금부채의 주인은 가

그림72　1865년경 당포진의 모습.　　　　　**135**

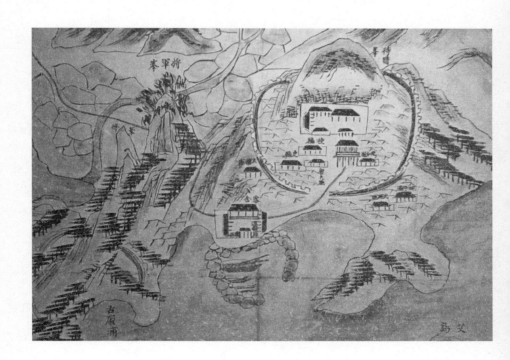

그림73　이순신이 당포해전에서 습득한 금부채는 일제강점기에 일본이 가져간 것으로 알려져 있으나 자세한 행방은 알기 어렵다. 같은 모양의 복제품 그림이 일본 오사카성에 전시되어 있다.

136

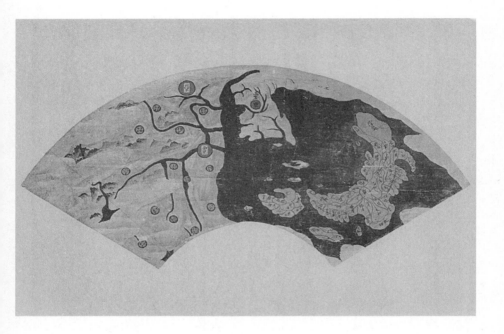

그림74 가메이 고레노리는 지금의 돗토리현 지방인 시카노鹿野의 다이묘로 도요토미 히데요시를 위해 큰 공을 세워 규슈 지방 이외의 다이묘로는 유일하게 주인선朱印船 무역에 종사하였다. (일본 요메이지에서 소장하고 있는 가메이 고레노리 목조상)

메이 고레노리亀井茲矩였다. 부채에 새겨진 '하시바치쿠젠노카미'는 도요토미 히데요시를 가리키는데, 하시바羽柴는 도요토미 이전의 성姓, 치쿠젠노카미筑前守는 가메이 고레노리에게 금부채를 줄 당시의 관직명이다. 일본 사료인《간에이제가계도전》寬永諸家系図伝에 의하면, '류큐노카미'琉球守라는 직함은 가메이 고레노리가 도요토미 히데요시에게 요청하였다. 가메이 고레노리는 도요토미 히데요시가 정권을 잡을 무렵 큰 공을 세웠는데, 도요토미 히데요시가 원하는 영지를 묻자 지금의 오키나와인 류큐를 원한다고 대답하였다. 이에 히데요시가 '가메이류큐노카미 님'亀井琉球守殿이라고 금부채에 적어 가메이 고레노리에게 주었다는 것이다. 그런데 이날의 전투에 가메이 고레노리가 참전하고 금부채를 잃어버린 것은 사실로 보이지만, 그는 당포해전에서 전사하지 않았다. 통설에 의하면, 이때 죽은 왜군 장수는 구루시마 미치유키來島通之이다.

> 우수사(이억기)가 오기를 애타게 기다리면서, 대책을 세우
> 지 못한 채 형세를 관망하였다. 정오가 되니 장수들을 거느
> 린 우수사의 배가 돛을 올리고 나타났다. 기뻐서 날뛰지 않
> 는 장병이 없었다.　《난중일기》 1592년 6월 4일(양력 7월 12일)

　당포해전 다음날 조선 수군은 추도 일대의 섬들을 돌며 일본군
의 자취를 수색하였다. 고성땅 고둔포에서 밤을 지내고 난 6월 4일
애타게 기다리던 전라우수군이 마침내 모습을 드러냈다. 이억기가
거느린 전라우수군의 진용은 판옥선만 25척이었다. 이제 조선 수군
은 판옥선만도 50척이 넘는 군세를 갖추게 되었다. 외롭고 힘든 싸움
에 지쳐 있던 이순신 부대의 사기는 하늘을 찌를 듯이 높아졌다. 이
순신은 이억기, 원균과 일본군을 쳐부술 대책을 의논하였다.

　다음날 돛을 올려 바다로 나가는데 거제도 주민들이 찾아와 '당

포에서 쫓긴 왜의 선단이 거제를 지나 고성땅 당항포에 가 있다'는 것이었다. 조선 수군은 곧바로 당항포 앞 바다로 진격하였다. 먼저 3척의 전선을 포구로 들여보내 지리와 적의 형세를 살피게 하였다. 잠시후 신기전이 날아 올랐다. 어서 빨리 공격해 들어오라는 신호였다. 조선 함대는 뱃머리를 나란히 한 채 포구로 진입하였다. 포구에는 판옥선만한 크기의 배 9척을 비롯해 모두 26척의 일본 전함이 정박해 있었다. 검은 칠을 한 전함에는 '나무묘법연화경'이라고 쓴 검은 깃발이 걸려 있었다. 배 안에 도열해 있던 일본군이 우박이 쏟아지듯 마구 조총을 쏘아댔다. 조선 함대는 거북선을 선두로 여러 전선이 번갈아 드나들면서 우레처럼 대포 공격을 포부었다.

이렇게 한참을 싸우던 중에 조선 수군은 짐짓 퇴각하는 모습을 보였다. 일본군이 형세가 몰릴 경우 혹시라도 배를 버리고 상륙하면 모조리 섬멸하지 못할 것을 염려해서였다. 아니나 다를까 일본 전함들은 물러나는 조선 수군의 틈을 비집고 바삐 바다로 나왔다. 일본 배들이 바다 한가운데로 나오자 이순신은 적선을 에워싸도록 명령하였다. 조선 수군의 재빠른 포위 공격이 시작되었다. 대장선을 비롯한 적선에 맹렬한 불길이 일어났다. 도망치던 왜선들은 매복하고 있던 조선 수군의 덫에 걸려 수장되었다. 그 많던 일본군은 대부분 물고기의 밥이 되고, 겨우 살아남은 자들은 산으로 기어올라 도망하였다.

해거름녘이 되자 이순신은 일부러 일본 배 1척을 남겨둔 채 먼 바다로 물러났다. 다음날 새벽 살아남은 일본군은 남아 있던 배를 타고 몰래 포구를 빠져나왔다. 전라좌수사 이순신과 이름이 같은 방

그림75 이순신의 전라좌수군은 2차 출전에서 훨씬
공격적인 전투 모습을 보여주었다. 전라우수군이
합류한 당항포해전부터는 조선 수군의 사기가 더욱
높아졌다. 《회본조선군기》권6)

답첨사 이순신李純信이 출격해 그들을 모두 도륙하였다.

그런데 적선을 불태우는 자리에 경상우수사 원균 일행이 나타났다. 그들은 물에 빠져 죽은 일본군을 찾아내 목을 베느라고 정신이 없었다. 당시에는 적의 수급이 곧 전공의 증거였다. 조선뿐 아니라 중국, 일본도 마찬가지였다. 명나라군은 자신들의 전공을 과시하기 위해 무고한 우리 양민의 수급까지 마구 취하였고, 일본군은 숨진 조선군뿐 아니라 심지어 산 사람의 귀와 코를 베어 일본으로 보냈다. 일본 교토에 남아 있는 귀무덤(코무덤)은 당시의 참상을 오늘도 생생히 전하고 있다.

이순신은 부하들에게 절대 적의 목을 베는 데 헛된 힘을 낭비하지 말 것을 당부하였다. 위험한 전장에서 적의 목을 베는 데 정신을 파는 것은 자살 행위나 다름없고, 죽은 적의 수급을 취하기보다산 적을 하나라도 더 죽이는 것이 중요하기 때문이었다. 그래서 누가 얼마나 열심히 싸우고 적을 죽이는지는 자신이 다 보고 있으며, 그에 대해 적절한 상을 내리겠다고 약속하였다. 이순신의 지시를 충실히 따른 그의 부하들은 오로지 일본군과 싸우는 데만 전력을 다하였다.

이처럼 이순신과 원균은 인생관과 전쟁에 임하는 자세가 달랐다. 두 사람의 갈등은 첫 전투에서부터 조금씩 싹트기 시작하였다. 이순신은 원균이 장수답지 못하고 사리사욕을 앞세우는 점을 못마땅하게 여겼다. 원균은 이순신이 자신을 재빨리 구원하지 않았을 뿐아니라, 일본군과의 전투에서 거둔 전공을 독식한다고 시기하였다.

아침에 출항해 정오쯤 영등포 앞바다에 이르렀다. 적선이
율포에 있다는 말에 복병선을 보내 탐지하게 하였다. 적선
다섯 척이 우리 군대가 오는 것을 알아채고 남쪽 너른 바다
로 달아났다. 우리 배가 일제히 뒤를 쫓았다.

《난중일기》 1592년 6월 7일(양력 7월 15일)

6월 6일은 비가 내리고 구름이 끼어 바닷길을 분간하기 어려웠
다. 할 수 없이 군사들을 위로하며 휴식을 취했다. 다음날 이른 아침
에 출항해 웅천땅 시루섬 바다 가운데 진을 치고 있었다. 천성, 가덕
쪽에서 일본군의 종적을 정탐하던 탐망꾼이 달려와 가덕 앞바다에
서 왜선 1척을 발견해 일본군 3명을 사살하였다고 보고하였다.

이순신 함대는 정오쯤 거제 영등포 앞바다에 이르렀다. 일본군
의 대선 5척과 중선 2척이 율포에서 나와 부산을 향해 도망치는 것
이 눈에 띄었다. 조선 수군은 맞바람을 맞으며 바삐 왜선의 뒤를 추
격했다. 왜적들은 속도를 높이기 위해 배에 실은 짐을 물 속으로 던
지며 안간힘을 썼다. 하지만 왜선을 따라잡아 모두 불태워버렸다.
일본군은 목이 잘리거나 물에 빠져 남김없이 섬멸되었다.

조선 수군은 그 길로 가덕, 천성, 몰운대 일대를 돌며 수색하였
으나, 일본군은 발견되지 않았다. 다음날과 다다음날도 마산포, 안
골포, 제포, 웅천, 가덕 등지를 연이어 수색하였다. 어느 곳에서도
일본군은 찾을 수가 없었다. 겁을 먹은 일본 수군은 그들의 본거지
라 할 수 있는 부산으로 도망가 버렸던 것이다.

이순신은 그대로 부산으로 달려가 일본군의 씨를 말리고 싶은

그림76 〈감여도〉(전라도). **144**

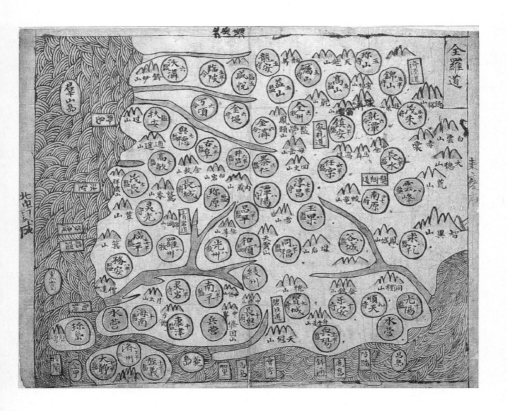

그림77　18세기 숙종조 이후에 〈천하지도〉 등
기존 지도를 토대로 필사 제작한 것으로 추정되는
〈감여도〉堪輿圖(경상도). 남해안 연안지방 일대에 대한
조선 후기의 지리적 개념을 이해하는 데 유용하다.

심정이었다. 하지만 다음을 기약해야 했다. 군량이 다 떨어지고, 연일 계속되는 싸움에 군사들이 지친데다 다친 사람도 많았다. 조선 수군은 뱃머리를 돌려 남해 미조항 앞바다에 이르렀다. 그곳에서 이순신, 이억기, 원균의 부대는 제각기 자신의 본영으로 돌아갔다.

**한산대첩,
전쟁의 운명을 바꾸다**

경상도에 있는 적의 정세를 탐문한즉, 가덕, 거제 등지에
왜선이 혹은 10여 척, 혹은 30여 척 떼를 지어 출몰한다 하
고, 본도 금산(나주) 지경에도 적의 세력이 크게 뻗쳐, 수
륙 두 갈래로 곳곳에서 적들이 침범해 오건만, 항전하는 자
가 없어 적이 깊이 들어오게 되었으므로…

이순신 장계 〈견내량파왜병장〉見乃梁破倭兵狀

조선 수군이 연전연승을 거두고 있었음에도 불구하고 육지에서
의 상황은 암울하기 짝이 없었다. 선조가 평양으로 몽진한 상황에서
한성 탈환전이 전개되었다. 전라도순찰사 이광이 이끄는 관군을 비
롯한 충청, 경상 3도군 6만여 명은 경기도 용인에서 2천 명도 채 안
되는 일본군에게 치욕적인 패배를 당하였다. 이순신이 2차 출정해
당항포 등지에서 승리를 거두던 6월 5, 6일의 일이었다. 선조는 평양

마저 버리고 중국땅 코앞의 의주로 더 멀리 달아났다.

일본 수군이 연거푸 패전한 것을 일본은 받아들이기 어려웠다. 도요토미 히데요시의 분노는 극에 달했다. 도요토미는 센코쿠 시대 최고의 해전 전문가인 해적 출신의 구키 요시타카에게 이순신을 섬멸할 것을 명령하였다. 구키 요시타카는 자신의 수군을 이끌고 급히 부산으로 건너왔다. 용인전투에서 숫적 열세를 딛고 대승을 거둔 일본군의 장수는 와키자카 야스하루였다. 그는 원래 수군 장수였다. 도요토미 히데요시는 와키자카에게도 수군의 임무를 맡겼다. 용인전투의 승리에 도취한 와키자카는 자신의 전공이 해전이기에 조선 수군쯤이야 가볍게 격파할 수 있다는 자신감이 충만해 있었다.

일본 수군은 115척의 대규모 함대를 구성해 웅포(진해)에 머무르고 있었다. 그들의 1차 목표는 이순신이었다. 이제까지 이순신의 전투는 기습 공격의 형태를 띠었다. 일본군이 방심하고 있는 틈을 탄 용의주도한 선제공격으로 적을 궤멸시켰다. 숫적으로도 대부분 우위를 점하였다. 하지만 일본 수군은 이제야말로 이순신에게 본때를 보이리라는 일념으로 이순신이 이제껏 맞닥뜨리지 못한 강력한 함대를 구성하였다. 전투는 불가불 전면전 양상으로 전개될 터였다.

연이은 승전에도 긴장의 끈을 놓지 않고 있던 이순신에게 일본군이 부산에서 나와 가덕, 거제 등지에 출몰하기 시작하였다는 소식이 들려왔다. 일본 수군이 노리는 목표가 자신의 함대라는 정보도 전해 듣고 있었다. 수군에 기댈 수밖에 없는 조정에서는 연합함대를 구성해 나가 싸우라고 채근하였다. 이순신은 이억기와 원균에게 공문을 보내 3차 출정을 협의하였다. 여수에서 합류한 전라좌수군과 우

그림78 한산해전에서 조선 수군은 이제까지의 승리와 비교가 되지 않는 큰 전과를 올렸다. 일본 수군의 전사자가 9천 명선이라는 말이 전할 정도다.

이순신의한산대첩 Admiral Yi Sun-sin's Great Victory at Hansan

수군은 7월 6일 노량에서 원균의 경상우수군과 만났다.

다음날 연합함대가 고성 당포에 도착했을 때, 일본 전함 70여 척이 거제 견내량에 머물고 있다는 제보가 들어왔다. 7월 8일 이른 아침에 조선 수군은 일본 함선이 있는 견내량으로 향했다. 견내량 가까이 이르니 일본 전함 두 척이 포구에서 나와 조선 함대를 엿보고 돌아갔다. 포구에는 대선 36척, 중선 24척, 소선 13척이 대열을 벌려 정박하고 있었다.

견내량은 지형이 매우 좁고, 암초가 많은 곳이었다. 좁은 곳에서 전투가 벌어지면 판옥선은 기동이 불편하고 서로 부딪칠 위험이 컸다. 형세가 불리해진 적이 뭍으로 올라가 도주하기도 쉬웠다. 이순신은 적을 한산도 바다 한가운데로 유인해 섬멸할 계획을 세웠다.

이순신은 유인책을 전개하였다. 판옥선 대여섯 척이 정탐 나왔다 들어가는 적을 뒤쫓으며 짐짓 공격하는 모습을 취했다. 공격 받는 줄 안 일본 전함들이 한꺼번에 몰려나왔다. 우리 선봉선들은 급히 뱃머리를 돌려 견내량을 빠져나왔다. 일본 수군은 거짓 퇴각하는 우리 배의 꽁무니를 부리나케 뒤쫓기 시작하였다. 멀찍이서 지켜보고 있던 이순신의 함대도 함께 뒤로 퇴각하였다. 일본 수군은 한산도 앞바다까지 빠른 속도로 추격해 왔다.

줄행랑을 치던 우리 함대가 속도를 늦추더니 일제히 멈춰섰다. 그리고 마치 학이 날개를 펼친 듯한 대형을 만들며 선체를 돌렸다. 이른바 학익진鶴翼陣이었다. 이어지는 이순신의 발포 명령에 따라 빠른 속도로 달려오며 사정거리 안에 든 일본 함선을 향해 현자, 승자 등의 총통을 퍼부었다. 앞장 섰던 적의 배 두세 척이 파괴되었다. 나

그림79 《우수영 전진도첩戰陣圖帖》속에 들어 있는 학익진의 모습. 1780년대 이후 작성한 것으로 추정된다.

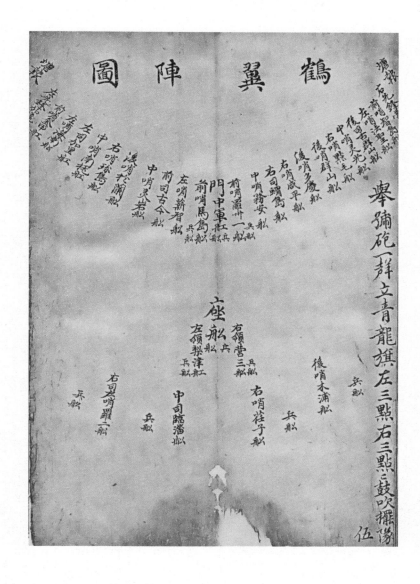

그림80 이순신이 이끄는 오른쪽의 조선 수군이
왼쪽의 일본군을 몰아붙이고 있다. 한산대첩의 승리로
부산 해역을 제외한 남해의 제해권은 조선 수군의
차지가 되었다. 《회본태합기》6편 권6)

李舜臣 水軍を 躯て 日本勢を 破る圖

머지 배들은 독안에 든 생쥐처럼 오도 가도 못한 채 포위망에 갇히고
말았다. 조선 수군은 사기가 꺾인 일본 수군을 향해 앞다투어 돌진하
며 우레처럼 화살을 쏘아댔다. 불화살을 맞은 적의 배에서 불기둥이
솟아올랐다. 화살 세례를 받고 물에 빠져 죽은 일본군은 그 수를 헤
아릴 수조차 없었다.

> 아군은 조선 배를 30리쯤 뒤쫓았다. 좁은 해협을 빠져나가
> 넓은 바다에 다다르니, 조선 배들이 갑자기 뱃머리를 돌렸
> 다. 그들은 아군의 배를 포위한 다음 앞뒤로 들락거리며
> 공격해 왔다. 그때마다 많은 수의 사상자가 발생하였다.
> 하는 수 없이 좁은 해협으로 퇴각하려 하였으나, 조선 배
> 들이 퇴로를 차단하고 있었다. 그들이 어지러이 불화살을
> 쏘아대니 아군의 배는 불길에 휩싸이고 말았다. 이 때문
> 에 가신 와타나베를 비롯한 많은 사람들이 전사하였다. 내
> 가 탄 대장선은 노가 많았기 때문에 그곳에서 가까스로 도
> 망칠 수 있었다. 도중에 조선군의 공격으로 갑옷에 화살을
> 맞았다. 매우 위험한 상황에서 구사일생으로 빠져나오는
> 데 성공했다. 《와키자카기》脇坂記

이날 조선 수군은 12척의 적선을 나포하고 47척을 침몰시켰다.
전투가 벌어지고 있을 때 뒤쳐져 있던 14척의 배는 공포에 질려 도망
쳐버렸다. 일본측 자료에 의하면 일본 수군 사망자만 9천여 명에 이
른다고 한다. 조선 수군은 단 3명이 전사하였을 뿐이다. 이 전투를 일

러 한산대첩이라고 부른다. 임진전쟁의 3대첩 가운데 하나일 뿐 아
니라, 세계 해전사상 가장 위대한 전투로 일컬어진다.

> 가덕으로 향하려는데 '안골포에 왜선 40여 척이 정박해 있
> 다'는 탐망선의 보고가 들어와, 곧바로 전라우수사, 경상우
> 수사와 함께 적을 토벌할 계책을 상의했으며…
>
> 이순신 장계 〈견내량파왜병장〉

조선 수군은 대담하게도 한산대첩이 벌어지기까지 일본군이
머물고 있던 견내량에 들어가 휴식을 취했다. 다시 적의 자취를 찾
고 있던 중 안골포에 일본 함선이 숨어 있음을 알게 되었다. 안골포
에 머물고 있던 일본군은 구키 요시타카와 가토 요시아키가 이끄는
수군이었다. 그들은 한산도에서 살아 돌아온 병사들을 통해 한산해
전의 생생한 상황을 전해 들었다. 생각만 해도 등골이 오싹했다. 본
시 그들은 함께 출전할 계획이었다. 그런데 공명심에 사로잡힌 와키
자카 야스하루가 단독 출전하는 바람에 후방에서 지원 역할을 하고
있었다.

조선 수군은 7월 10일 새벽 안골포로 출항하였다. 안골포 선창
에는 대선 21척, 중선 15척, 소선 6척, 모두 합해 42척의 일본 함선
이 머물고 있었다. 3층 선실을 갖춘 커다란 아타케부네 1척과 2층 선
실을 갖춘 아타케부네 2척이 바다를 향해 떠 있고, 나머지 배들은 물
고기 비늘처럼 줄지어 정박해 있었다. 안골포는 지세가 좁고 얕았다.
썰물이 되면 판옥선이 쉽게 드나들 수가 없는 곳이었다. 그래서 여러

그림81   1872년경 안골포진의 모습.   **156**

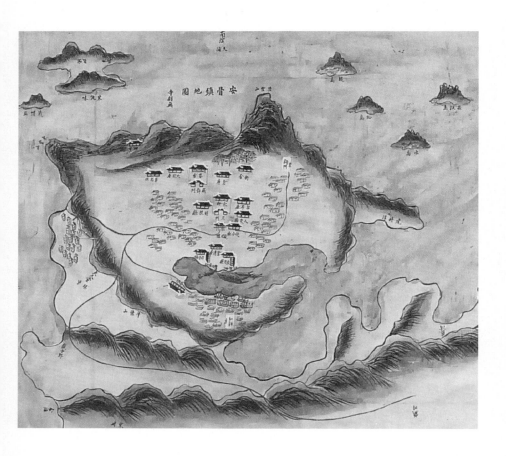

번 유인해 내려고 하였으나 일본군은 덫에 걸려들지 않았다. 여차하면 뭍으로 도망갈 생각으로 험한 곳에 배를 매어둔 채 겁내어 나오지 않았다. 그래서 하는 수 없이 조선 수군은 교대로 드나들면서 대포를 쏘아대고, 화살을 빗발처럼 날려보냈다. 일본군도 결사항전으로 맞섰다. 치열한 교전 끝에 대부분의 일본 배가 파괴되고, 수많은 일본군 사상자가 발생하였다. 밤이 되자 조선 수군은 10리쯤 바다 쪽으로 물러났다.

다음날 새벽에 다시 포위해 보았으나, 일본군이 밤을 틈타 허둥지둥 도망간 뒤였다. 포구 안팎에는 그들이 흘린 피가 땅바닥에 그득하였고, 일본군의 시체를 모아 불태운 곳이 12곳이나 되었다.

조선 수군은 인근 연해를 뒤지며 일본군을 찾았다. 낙동강 서쪽 지역에서는 일본군의 자취가 사라진 뒤였다. 이순신은 가덕도에서부터 몰운대까지 함대를 길게 늘여 세워 조선 수군의 위세를 시위하였다. 한편으로는 자신의 부대가 그 일대에 오래 머물러 있을 듯이 보이게 하였다. 그리고 밤을 이용해 군사를 돌렸다.

적은 원래 수군과 육군의 세력을 합쳐 서쪽을 공략하려고 하였다. 하지만 이 한 번의 싸움으로 마침내 적의 한쪽 팔이 잘려버리고 말았다. 고니시 유키나가는 비록 평양을 점령하였지만, 형세가 고립되어 더 이상 진격할 수 없었다. 우리는 전라도와 충청도를 보존함으로써, 황해도와 평안도 연안 일대에 군량을 조달하고 지휘 전달체계를 가능케 하여, 나라를 중흥할 수 있었다. 뿐만 아니라 요동과 천진

그림82 　도요토미 히데요시는 최고의 해전 전문가인
구키 요시타카, 가토 요시아키, 와키자카 야스하루에게
이순신 격파 임무를 맡겼지만, 와키자카는
한산해전에서, 구키와 가토는 안골포해전에서
이순신에게 패하였다. 가토 요시아키는 일본 수군
장수 가운데 군기물에 가장 많이 등장하는 인물이다.
《회본조선군기》 권10)

등의 지역이 전쟁의 화를 피하게 되어, 명나라 군대가 육로
를 통해 우리를 구원할 수 있었다. 이는 모두 이순신이 이
한 번의 싸움에서 이겼기 때문이다.　　　　　《징비록》

　유성룡은 한산해전의 패배로 일본의 한쪽 팔이 잘려나갔다고
평가하였다. 일본의 수륙병진책이 파탄났다는 의미다. 평양과 함경
도까지 거침없이 몰아붙였던 일본군 선봉대는 발이 묶였다. 한쪽 팔
이 잘림으로써 명나라를 점령하겠다는 도요토미 히데요시의 망상은
물거품이 되고 말았다. 조선 수군의 선전은 명나라가 조선에 원병을
파견하는 데도 긍정적 작용을 하였다.
　이순신이 한산대첩 승리를 거둔 7월 8일 같은 날 육지에서는 웅
치와 이치에서 전라도로 진격해 가는 일본군과 조선군 사이에 처절
한 전투가 벌어졌다. 의병까지 가세한 일련의 전투에서 조선군은 기
적처럼 일본군의 공세를 막아냈다. 한날 벌어진 한산대첩과 웅치, 이
치 전투를 통해 조선은 곡창지대인 호남을 지켜내고, 그리하여 후일
을 도모할 수 있었다.
　한산해전에서 참패한 일본은 이순신에 대한 트라우마에 시달려
야 했다. 그들에게 이순신은 인간이 아니었다. 일본 수군이 연이은
참패를 당했다는 보고를 받은 도요토미 히데요시는 조선 수군과 전
투를 벌이지 말라는 해전 금지령을 내렸다. 그 대신 바닷가에 성을
쌓고 육지에서 조선 수군을 공격하라는 것이었다. 수군인지 육군인
지 모를 일이었다. 조선 수군과 맞붙어 피해를 보기보다는 피해를 피
하는 게 상책이라는 판단이었다. 이로써 부산 서쪽 지역의 제해권은

그림83 한산해전에서 일본 수군이 참패함으로써
대륙을 정벌하겠다던 도요토미 히데요시의 야망은 결국
수포로 돌아가고 말았다. 복수심에 이를 갈던 도요토미는
해전 금지령을 내린 다음, 자신이 조선으로 건너와
이순신을 상대하겠다는 허황된 작전을 구상하였다.

완전히 조선 수군의 손에 넘어왔다.

도요토미 히데요시는 자신이 조선으로 건너와 조선 수군을 격파하겠다는 허황된 작전을 구상하였다. 도요토미 히데요시의 조선 도해를 놓고 도요토미의 측근들은 격렬한 논쟁을 벌였다. 도요토미의 도해 계획은 1593년 봄으로 연기된 끝에 끝내 성사되지 않았다. 그 대신 이시다 미쓰나리 등이 도요토미 히데요시의 대리인으로 조선에 들어왔다.

적의 심장을 치다

> 오후 네 시쯤 배를 출항해 노질을 재촉하였다. 노량 뒷바다
> 에 이르러 닻을 내렸다. 한밤중 자정에 달빛을 타고 다시
> 배를 몰았다. 사천땅 모자랑포에 이르니 벌써 날이 샜다.
> 새벽 안개가 사방에 자욱해 한치 앞도 분간하기 어려웠다.
>
> 《난중일기》 1592년 8월 24일(양력 9월 29일)

　전황이 바뀔 조짐이 나타나기 시작하였다. 북상했던 일본군 패
잔병들이 영남 해안 일대로 몰려드는가 하면, 일부 일본군 장수들은
일본으로 회군하려는 조짐을 보였다. 이러한 움직임을 간파한 이순
신은 일본군의 병참기지인 부산포를 공격할 계획을 세웠다. 부산은
수만 명의 일본군이 주둔하고, 500여 척의 함선이 주둔해 있는 요새
였다.

　부산에 치명적인 타격을 가할 수 있다면 전쟁의 향방이 결정적

으로 바뀔 것이었다. 그래서 무리인 줄 알면서도 이순신은 모험을 감행하기로 했다. 자신감을 회복한 선조 역시 적의 본영인 부산포를 공격하라는 명령을 내렸다.

이순신은 다른 때보다 한층 용의주도하게 부산포 결전을 준비하였다. 우선 짧은 시간임에도 불구하고 군비를 확충하는 일에 힘썼다. 전함을 새로 건조하고 각종 대포를 비롯한 무기를 늘렸다. 군사도 새로 뽑았다.

전라좌수영과 우수영의 군사들은 8월 1일부터 23일까지 합동훈련을 실시하였다. 이순신은 육군이 합세한 수륙합동작전을 구상하였지만 그것은 현실적으로 어려웠다. 하는 수 없이 수군의 힘만으로 전투를 벌여야 했다. 짧지만 강도 높은 훈련을 통해 전라좌우수군은 한층 사기 높은 강군이 되었다.

마침내 8월 24일 4차 출정의 북이 울렸다. 전라좌우수군의 군세는 판옥선 74척과 협선 92척이었다. 이순신의 함대는 다음날 당포 앞바다에서 원균 함대와 합류하였다.

조선 수군의 연합함대는 연안 해역을 샅샅이 훑으면서 부산을 향해 나아갔다. 이순신은 먼저 낙동강 하구 일대에 자리한 일본군 기지 소탕에 나섰다. 낙동강 하구는 서쪽으로 진출하려는 일본 수군과 낙동강을 오르내리는 일본군 수송선단의 전초기지였다. 연합함대는 8월 29일 장림포 앞바다에서 일본군과 맞닥뜨렸다. 6척의 배에 나누어 타고 낙동강을 빠져나오던 300여 명의 일본군은 조선 수군을 보자마자 배를 버리고 육지로 도망하였다. 경상우수군이 앞장서 빈 배를 불태워버렸다.

그림84　18세기 영조 때 제작된 〈광여도〉 속의 부산 일원.
일본군의 본거지 부산 공격에 나선 4차 출진에서 이순신이 이끄는
조선 수군은 낙동강 하구의 장림포에서부터 전투를 시작하였다.
왼쪽 하단의 몰운대를 지나 화준구미, 다대포, 서평포, 절영도에서
전투를 계속하며 지도의 한가운데 위치한 부산포로 나아갔다. 지도의
오른쪽에 경상좌수영이 보이고, 그 위쪽의 읍치邑治는 동래읍성이다.

다음날 새벽에는 몰운대 옆의 화준구미에서 일본 전함 5척을 발견해 모두 침몰시켰다. 다시 다대포 앞바다에서 8척, 서평포 앞바다에서 9척, 절영도(영도) 앞바다에서 2척의 일본군 선박을 잇달아 격침시켰다. 대부분의 배가 기슭에 줄지어 정박해 있었으므로 손쉽게 불살라버렸다.

> 그동안 네 차례 출전해 열 번을 싸워 모두 다 이겼으나, 장수와 병사들의 공로를 논한다면 이번 부산전투보다 더한 것이 없겠습니다. 이전의 전투에서는 적선의 수가 많아도 70척에 불과하였는데, 이번에는 큰 적의 소굴 속에 470여 척의 배가 늘어서 정박해 있었습니다.
>
> 이순신 장계 〈부산포파왜병장〉釜山浦破倭兵狀

드디어 조선 수군의 눈앞에 침략자 일본군의 본거지 부산포가 모습을 드러냈다. 그 모습은 참으로 경이로웠다. 부산포는 이제 예전의 조그만 포구가 아니었다. 포구에는 500여 척 가까운 각종 일본 배들이 장사진을 이루고 있었다. 포구 주위에는 방파제가 둘러싸고 있었다. 해안가에 자리한 성 안에는 백여 채가 넘는 건물이 들어서 있고, 성 밖 산기슭에도 300여 호의 일본식 여염집이 즐비했다.

일본군으로서는 부산포만은 하늘이 두 쪽이 나도 지켜내야 했다. 조선 수군의 공격에 대비해 그들은 남해안 일대의 모든 함선을 부산으로 집결시켰다. 포구 곳곳에 투석기며 각종 총포류를 배치해두고, 수를 헤아리기 어려운 대군이 함선, 해안가, 성곽, 포구 주위의

그림85 부산 앞바다에 진을 펴고 있는 수군 총대장 구키
요시타카 휘하의 수군. 한가운데 위치한 배는 구키 요시타카가
승선한 아타케부네 니혼마루. 구키 요시타카는 시마 반도 일대의
해적 집단을 통합하면서 도요토미 히데요시 휘하의 수군을
대표하는 다이묘로 성장하였는데, 도요토미 히데요시의 야망을
부채질한 인물로도 일컬어진다. 구키 요시타카, 구루시마
미치유키, 호리우치 우지요시 등 해적 출신의 다이묘가 있으며,
일본 수군의 뿌리는 해적 집단이라고 할 수 있다.

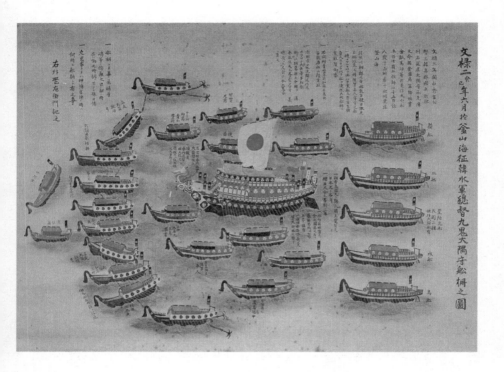

그림86 조선 수군은 겹겹이 요새화되어 있던 적의 심장 부산포를 공격해 130여 척의 적선을 격파하는 전과를 올렸다. (〈이순신 십경도〉)

언덕에 분산 배치되어 있었다. 대부분의 일본군은 육지에 진을 친 채 조선 수군이 접근해 오기를 기다렸다. 일본은 육군과 수군 연합작전의 수비전을 준비하고 있었다. 조선 수군의 강력한 힘을 경험했기에 정면대결의 무모함을 피하려 했던 것이다.

이순신은 쉽지 않은 싸움이 될 것을 직감했다. 하지만 벼르고 벼른 부산포 공격이었다. 여수에서 출항한 지 1주일이 되어서야 일본군의 본거지인 부산포에 이른 만큼 적에게 궤멸적인 타격을 가해야 했다. 그동안 연전연승하며 일본에 대한 두려움을 떨쳐낸 조선 수군들 역시 적의 심장부를 친다는 생각에 결전의 의지를 되새겼다.

조선 수군을 본 일본 전함 4척이 먼저 싸움을 걸어왔다. 이순신은 달려오는 왜선을 향해 진격할 것을 명령했다. 두려움에 휩싸인 일본군은 채 싸움이 시작되기도 전에 스스로 바다에 뛰어들었다. 대포 공격을 받은 왜선은 불이 붙어 침몰하였다. 4척의 왜선을 깨부순 조선 함대는 뱀 모양의 장사진을 이루어 포구를 향해 돌진했다. 일본 함선은 방파제 안에서 꼼짝도 하지 않고, 사방에 포진하고 있던 일본군 진영에서 조선 함대를 향해 포탄과 조총을 퍼부었다. 화살도 빗발처럼 날아들었다. 조선인 포로를 시켜 쏘는 것이었다. 조선 수군은 방파제 안에 자리한 일본 함선을 향해 공격을 집중했다. 그러나 방파제 탓에 거리가 멀어 지리한 공방전이 계속되었다. 일본군의 강력한 저항을 뚫고 종일 전투를 벌인 끝에 일본 함선 100여 척을 파괴하였다. 한산도해전에서 격침시킨 함선의 2배에 가까운 숫자이니 단일 해전의 성과로는 가장 큰 승리였다. 무엇보다 일본군의 소굴을 들이쳐 막대한 타격을 가함으로써 적의 간담을 서늘하게 만들었다. 일본군은 더 이상 조선 수군과의 전투를 상상조차 할 수 없게 되었다.

그러는 동안 땅거미가 밀려오기 시작하였다. 더 이상의 전투는 불가능하였다. 적의 소굴에 계속 머물러 있다가는 앞뒤로 적을 맞게 될 터였다. 연합함대는 한밤중에 가덕도로 배를 돌렸다.

부산포해전에서 이순신이 입은 가장 큰 손실은 녹도만호 정운의 죽음이었다. 정운은 임진전쟁 초기에 경상도 해역으로 출전할 것을 강력하게 주장하였으며, 우부장으로 참전한 부산포해전의 선봉에서 싸우던 끝에 장렬한 최후를 맞이하였다. 이순신의 신임이 가장 두터운 부하 장수였으니 정운을 보내는 이순신의 마음은 비통하였다.

정운이 전사하자 이순신은 '나라의 바른팔을 잃어버렸다'며 애석해하였다. 그리고 통분한 마음으로 정운 장군을 제사하는 글을 지어 올렸다.

아아, 인생에는 반드시 죽음이 있고
살고 죽는 데는 반드시 천명이 있으니
사람으로 태어나 한번 죽는 것이야 아까울 게 없지만
유독 그대의 죽음은 마음이 아프구려.
국운이 불행하여 섬 오랑캐 쳐들어오자
영남의 여러 성들 바람 앞에 무너지고
몰아치는 적들 어디고 거칠 것이 없어
도성마저 하룻저녁에 적의 소굴이 되어버렸소.
천 리 관서 길로 임금의 수레 옮겨가니
북쪽 하늘 바라보며 장탄식에 간담이 찢기건만
슬프게도 둔한 재주로 적을 칠 길이 없을 때
그대와 함께 의논하자 구름 걷히고 해를 본 듯 밝았다오.
계책을 세워 칼 휘두르며 배를 이어 나갈 적에
죽음을 무릅쓰고 앞장서 나아갔으니
왜적들 수백 명이 한꺼번에 피 흘리고
검은 연기 근심 구름이 동쪽 하늘을 덮었다오.
네 번이나 이긴 싸움 그 누구의 공로런고
종묘사직을 회복할 날 기약할 만도 한데
어찌 알았으랴

하늘이 돕지 않아 적탄에 맞을 줄을
저 푸른 하늘의 뜻 알기 어려워라.
배를 돌리고 다시 싸워 맹세코 원수를 갚고 싶었으나
날은 이미 어둡고 바람조차 불순해 소원을 못 이루매
평생의 원통함이 이보다 더할쏜가.
…

전세의 역전 | 제해권 장악과

> 흉포한 도적들이 여러 도에 널리 가득 차 있고, 오직 이곳
> 호남만이 하늘의 도움에 힘입어 다행히 보존됨으로써 나
> 라의 근본을 이루고 있으니, 임금에게 충성하고 나라를 회
> 복하는 일을 모두 이 도에서 마련해야 하는데…
>
> 이순신 장계(1592년 12월 10일)

부산해전에서 큰 승리를 거두었지만 일본군의 세력은 여전히
강력하였다. 그들과 맞서기 위해서는 함선을 비롯한 군비를 증강해
야 했다. 파손된 배를 수리하고, 군량미도 확보해야 했다. 이순신은
군사들을 보내 추수를 돕게 했다. 그리고 피난을 가 고생하는 조정에
곡식과 군사용 물품을 마련해 올려 보냈다.

이순신의 조선 수군에 제해권을 빼앗긴 일본에게도 호남은 반
드시 점령해야 할 땅이었다. 일본군은 다시 한 번 호남 공략에 나섰

다. 전열을 정비한 일본군은 1592년 10월 호남으로 가는 길목인 진주성으로 몰려들었다. 3만 명의 일본군에 맞서 진주목사 김시민이 지휘하는 관군과 의병은 숫적 열세 속에서도 처절한 접전 끝에 진주성을 지켜냈다.

조선 수군의 연이은 승전에 이어 진주성전투에서마저 조선이 승리를 쟁취하자 사태를 관망하던 명나라가 참전을 결정하였다. 명나라는 처음에는 조선이 일본과 힘을 합쳐 명나라에 쳐들어올 것을 걱정하였으나, 자국 영토에까지 전쟁이 번지는 것을 막기 위해 원병을 파견하였다.

평양에 주둔하고 있던 고니시 군은 식량이 떨어져 곤경에 놓이게 되었다. 명나라와 조선의 연합군은 1593년 1월 평양성을 포위 공격해 하루 만에 성을 탈환하였다. 배고픔과 추위에 지친 일본군은 도망치듯이 남쪽으로 도주하였다. 하지만 평양성전투의 승리에 도취해 있던 명나라군은 벽제관전투에서 일본군에 대패하였다.

함경도까지 진격해 우리 백성들을 공포에 떨게 했던 가토 기요마사의 군대도 한성으로 쫓겨 왔다. 가토 군은 출병시의 2분의 1로 줄어들어 있었다. 고니시 군은 그 피해가 더욱 심해서 출병시의 3분의 1 수준만이 남아 있었다. 권율이 지휘하는 조선군은 허겁지겁 한성으로 퇴각한 일본군을 행주산성 전투에서 크게 무찔렀다. 자국의 피해를 최소화한 채 전쟁을 빨리 마무리하고 싶었던 명나라는 강화회담을 서둘렀다. 전쟁 능력을 상실한 일본도 이에 응하였다.

그림87 명나라 기병. (왼쪽)
그림88 1593년 1월 조명연합군은 일본군이 장악하고
있던 평양성을 공격하였다. 평양성 탈환 전투를 그린
〈평양성탈환도〉.

그림89 조명연합군이 평양성 성문으로 돌진하고
있다. 《회본태합기》6편 권8)

176

그림90 배고품과 추위에 지친 일본군은 평양성을 빠져나와 남쪽으로 도주하였다. (《회본태합기》6편 권8)

선전관이 임금의 분부를 가지고 온다는 소식을 들었다. 서
둘러 노를 저어 진으로 돌아오는 길에 선전관이 탄 배를 만
났다. 급히 배 위로 맞아 들여 임금의 분부를 받들고 보니,
'하루속히 적의 퇴로를 차단해 도망하는 적을 몰살하라'는
내용이었다. 교지를 받았다는 답서를 써 올리고 나니, 벌써
밤 두 시가 넘었다.　　《난중일기》 1593년 2월 17일(양력 3월 19일)

　　명나라가 참전하고 평양성이 수복되자마자 선조는 이순신에게
출정하라는 명령을 거듭 내려 보냈다. 이순신은 전라좌수영에 소집
령을 내리고, 이억기와 원균에게 연락을 취했다. 연합함대는 2월 8
일 견내량에서 합류하였다. 이순신은 먼저 웅포 일대에 웅거한 일본
군을 칠 계획을 세웠다. 웅포는 그새 왜성이 축조되어 요새화되어 있
었다. 낙동강 서쪽에 자리한 웅포는 낙동강 수로의 안전을 확보하기
위해 중요한 전략적 요충지였다. 남해의 제해권을 빼앗긴 일본으로
서는 낙동강 수로는 반드시 지켜야 했다. 웅포에 이르니 포구 깊숙한
곳에 적선이 줄지어 정박해 있었다. 포구 앞에는 장애물이 설치되어
접근이 쉽지 않았다. 조선 수군은 두 번에 걸쳐 유인작전을 펼쳤지
만, 일본군은 계략에 걸려들지 않았다. 포구가 좁고 양쪽 산기슭에도
적들이 웅거하고 있어 포구 안으로 진격할 수는 없었다. 조선 수군은
아무런 성과도 올리지 못한 채 뱃머리를 돌려야 했다. 지리한 신경전
이 연일 계속되었다. 웅포에서 전투를 하고 있는 중에도 선조는 선전
관을 보내 신속히 적을 섬멸하라는 교지를 전달하였다.
　　마침내 18일 일본 전함 10여 척이 조선 수군의 유인에 걸려들었

그림91 〈지승지도〉地乘地圖 속의 웅포. 179

그림92 한산도 제승당에 걸려 있는 〈우국애정도〉.

180

가을 기운이 바다에 스미니 나그네 회포 어지러워
홀로 뱃전 창문 아래 앉으니 몹시도 마음이 산란하구나
뱃전을 비치는 달빛에 정신은 맑아오고
잠도 이루지 못했거늘 어느 덧 닭이 우는구나

《난중일기》 1593년 7월 15일(양력 8월 11일)

다. 포구 밖으로 나오는 적선을 숨어 있던 조선 함대가 일제히 요격하였다. 금빛 투구를 쓰고 있던 왜장을 비롯해 3척의 배에 타고 있던 일본군을 섬멸하였다. 22일에는 새로운 전법을 구사하였다. 서쪽 제포와 동쪽 해안 두 곳으로 배를 보내 상륙하는 체하였더니 수륙으로 협공하는 줄 알고 일본군이 몹시 당황하였다. 조선 수군은 갈팡질팡하는 일본군을 향해 일시에 배를 몰아 공격을 퍼부었다. 뿔뿔이 흩어지는 일본군 속에서 많은 사상자가 발생하였다. 조선 수군에도 예기치 않은 사고가 발생하였다. 명령을 어기고 돌진한 두 척의 배가 얕은 곳에 좌초되는 바람에 일본군의 습격을 받았던 것이다.

바람이 세게 불어 전투가 순조롭지 않은 날이 많았다. 우리 배끼리 부딪쳐 깨어질까봐 전투는커녕 출항조차 힘든 지경이었다. 조선 수군은 3월 6일 다시 웅포를 공격하였다. 조선 함대가 대포와 화살을 비오듯 쏘아대자 일본군은 산중턱으로 도망가 진을 쳤다. 이날 목숨을 잃은 일본군도 부지기수였다.

견고하게 축조된 왜성을 공격하는 데 수군만으로는 무리였다. 이런 상황을 간파한 이순신은 경상도순찰사 김성일에게 웅포를 공격할 테니 육지에서 호응해 달라고 요청하였다. 하지만 아무런 도움도 받지 못했다. 김성일은 '명나라 군사를 대접하는 일로 경황이 없고 남아 있는 군사도 없다'고 대답하였다. 웅포해전은 한 달이 넘는 기간 동안 계속되었다. 어려운 조건 속에서도 조선 수군은 20여 척의 일본 전함을 파괴하는 전과를 올렸다.

이해관계가 맞아떨어진 명나라와 일본 사이의 강화회담은 일사천리로 진행되었다. 강화회담에서 조선은 철저히 무시되었다. 명나

그림93 일본군이 명나라 땅에 들어오는 일 없이
전쟁을 마무리하고 싶었던 명나라는 강화회담을
서둘렀다. 전쟁 능력을 상실한 일본도 이에 응하였다.
기만적인 강화회담은 수년을 질질 끌며 진행되었다.
《회본조선정벌기》권1)

그림94 일본군은 1593년 4월 한성을 떠나 경상도
해안 지방으로 퇴각하였다. 일본군이 지른 불에 도성이
불타고 있다. 《회본조선군기》권7)

라는 퇴각하는 일본군의 안전을 보장하겠다고 약속하였다. 1593년 4월 하순 한성을 떠난 일본군은 경상도 해안 지방으로 퇴각하였다. 명나라군 총지휘관 송응창은 강화협상을 진행한다는 이유로 조선군과 명나라군 모두에게 일체의 전투 행위를 중지하라는 명령을 내렸다.

영남 지방으로 물러난 일본군 10만여 명이 돌연 진주성으로 몰려들었다. 한성을 떠난 지 두 달 만의 일이었다. 일본은 한 해 전 진주성에서 당한 치욕적인 패배를 잊을 수 없었다. 도요토미 히데요시는 진주성에 반드시 복수할 것을 명령하였다. 자신들의 힘을 과시함으로써 강화회담에 나선 명나라를 압박하는 한편, 호남을 포함한 남부 지방을 확실히 장악하려는 의도였다. 진주성 관민이 혼연일체가 되어 용감히 싸웠으나, 일본군의 총공세 앞에 아흐레 만에 성이 함락되고 말았다. 복수심에 불탄 일본군은 진주성의 6만여 군민을 잔인하게 학살하였다. 진주성을 점령한 일본군의 피해도 만만치 않았다. 3만여 명의 사상자가 발생했던 것이다. 진주성싸움이 끝나고 일본군은 호남의 초입인 구례까지 진출하였다. 하지만 더 이상 나아갈 힘은 없었다.

일본군은 육로를 통해 서쪽으로 나아가면서 수군이 호응해 서진西進하는 전략을 수립하였다. 하지만 육군이 진주성을 무너뜨리고 난 다음에도 수군은 거제도 동쪽 해역에 여전히 묶여 있었다. 일본 수군은 견내량을 틀어막고 있는 이순신 때문에 서쪽으로 진출할 수가 없었다. 그 사이에 일본 수군의 전력은 한층 증강되어 있었다. 웅천, 제포 일대로 몰려든 일본 함선의 수만도 8백여 척에 달했다. 견내량에서 호되게 당했던 일본 수군은 수적 우위를 믿고 조선 수군을 웅

그림95 한 해 전 진주성에서 당한 치욕적인 패배를
잊을 수 없었던 도요토미 히데요시는 진주성에 복수할
것을 명령하였다. 10만 일본군의 대공세 앞에 성이
함락되면서 6만여 군민이 학살당하였다. 《회본태합기》
6편 권10)

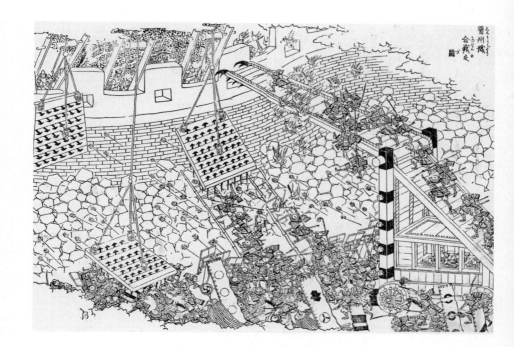

그림96　진주성을 공격하는 가토 기요마사. 가토가
직접 성벽을 기어올라 공격하는 것으로 묘사하였다.
《회본조선정벌기》권14)

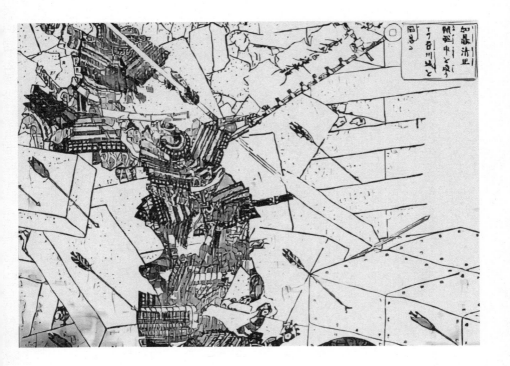

천 앞바다로 끌어내려는 계획을 세웠다. 견내량으로 다가와 조선 수군을 공격하다 물러가는 일이 반복되었다. 일본군의 뻔한 유인계에 걸려들 이순신이 아니었다. 견내량 너머 넓은 바다로 나아갔다가는 일본군에 포위될 우려가 컸다.

조선 수군이 견내량을 봉쇄해 버리자 일본 수군은 발을 동동 굴러야 했다. 이제나저제나 수군이 남쪽 바다에 나타나기를 기다리던 일본군 총사령관 우키타 히데이에는 전라도 속지화 계획이 물거품이 되었음을 직감했다. 하는 수 없이 그들은 부산으로 물러가고 말았다. 도요토미 히데요시의 명령으로 8월부터는 일본군의 철수가 시작되었다. 철수하지 않고 남은 병력은 4만 명 남짓했다. 명나라군도 몇천 명의 일부 병력을 빼고는 모두 명나라로 돌아갔다.

이순신 삼도수군통제사

이순신은 통제사로서 진중에 머물면서 밤낮으로 경계를
늦추지 않아 갑옷을 벗는 일이 없었다. 견내량에서 왜적과
대치하고 있을 때의 일이다. 달빛이 교교하게 밝은데, 모든
선박은 이미 닻을 내리고 있었다. 갑옷을 입은 채 북을 베
개 삼아 잠시 누워 있던 이순신이 홀연히 일어나 앉았다.
그리고 술상을 들이라 하고 장수들을 불렀다. 술을 한잔 들
이킨 다음 이순신이 말했다.

"오늘 밤 달이 참 밝구나. 적이 간사한 꾀를 잘 쓰니 달빛
이 없을 때도 본시 습격해 오지만, 달이 밝을 때도 공격해
올 테니 마땅히 경비를 엄히 하라."

말을 마치고는 신호용 영각領角을 불어 배의 닻을 올리게
하였다. 또한 척후선에 전령을 띄워 보냈다. 잠들어 있는
척후병들을 깨워 기습에 대비하도록 하였다. 얼마 지나지

않은 시각에 척후가 달려와 적의 기습을 전하였다.

　서산에 걸린 달 그림자가 바다에 비쳐 바다의 반쪽이 어두워졌다. 그 어둠 속에서 무수히 많은 적의 배가 몰려오고 있었다. 이때 이순신의 명령에 따라 아군이 대포를 쏘며 공격을 개시하였다. 왜적들 역시 조총을 쏘며 대응하였다. 총소리가 바다를 흔들고, 총알이 비오듯 쏟아졌다. 그러나 적은 우리의 공격을 당해 내지 못하고 결국 물러갔다. 곁에서 지켜본 장수들은 이순신을 신으로 여겼다.　　　　《징비록》

　이로부터 3년여 기간 동안은 이렇다 할 큰 전투가 일어나지 않았다. 일본군은 서생포, 부산, 동래, 웅천 등지의 수십 곳에 '왜성'을 쌓고 웅거하였다. 그러는 동안 명나라와 일본 사이에는 코미디 같은 강화회담이 진행되었다.

　명나라에서 일본군을 공격하지 말라고 했지만, 조선은 그 말을 그대로 따를 수 없었다. 선조는 육군과 수군 장수들에게 총공격 명령을 내렸다. 조선 장수들에게는 참으로 난감한 상황이었다. 일본군이 한성에서 퇴각할 때부터 이순신은 수군이 바다에 진을 치고 있으니, 육군과의 합동작전이 절실하다고 건의하였다. 그런데 구원병이라는 명나라 군대는 함께 적을 치기는커녕 오히려 싸움을 방해하는 형국이었다.

　일본군이 영남 해안지방에 머물게 되자 수군의 역할이 더욱 중요해졌다. 곳곳에 들어선 왜성은 조선 수군에게 큰 위협이었다. 자칫하다가는 일본 육군과 수군의 협공을 받을 상황이었다. 일본군을 효

왜성

　일본군은 경상도 해안지방으로 군대를 물린 다음 해안가 요지에 왜성倭城을 쌓고 웅거하였다. 강화회담이 진행되는 동안의 거점으로 활용하는 한편 한강 이남의 4도를 노리는 교두보인 셈이었다. 조선군과 명나라군의 공세를 방어하면서 언제든지 공세로 전환할 수 있도록 1593년에 이미 부산포, 서생포, 가덕도, 웅천, 장문포 등 18곳에 성을 축조하였다. 왜성은 배를 정박하기 좋은 바닷가 혹은 강가의 지대가 높은 곳에 자리를 잡았는데, 왜성끼리 서로 호응하면서 도울 수 있도록 배치되었다. 1597년 정유전쟁이 일어나자 울산, 사천, 양산 같은 경상도 지역뿐 아니라 전라도 순천, 광양에까지 왜성이 들어섰다. 〈사로왜채총도〉四路倭寨總圖에는 모두 17개의 왜성이 그려져 있는데, 여러 자료를 종합할 때 대략 40여 개의 왜성이 있었을 것으로 추정된다.

　왜성의 모습을 가장 구체적으로 알려주는 자료는 순천 예교성에서의 전투를 그린 〈정왜기공도병〉征倭紀功圖屛이다. 해안가 낮은 구릉 위에 축조된 예교성은 제일 외곽의 외성 안쪽에 해자와 제2외성, 제3외성, 내성이 겹겹이 자리한 요새였다. 제3외성에까지 배가 들어올 수 있는 구조였다. 성안의 중심부에는 일본성의 특징인 천수각이 세워져 있다. 예교성뿐 아니라 울산성, 사천성 등에서도 대규모 전투가 치러졌지만, 견고한 방어력을 갖추고 있었기에 쉽게 함락되지 않았다.

그림97 대마도주 소 요시토시가 1년여간 주둔한
남해도의 남해왜성.
그림98 경상도 해안지방으로 물러난 일본군은 수십
곳에 '왜성'을 쌓은 채 웅거하였다. 《회본조선군기》 권8)

과적으로 막기 위해서는 여수 본영에 머무를 수가 없었다. 적의 위협이 드러날 때마다 경상도 해역까지 먼 거리를 노를 저어 출전하는 것은 여간 비효율적인 일이 아니었다. 이순신은 오늘날 거제와 통영 사이의 좁은 물목인 견내량이 일본 수군이 서쪽으로 진출하지 못하도록 막아낼 수 있는 전략적 요충지라고 생각하였다. 그래서 조정의 승인을 얻어 견내량이 바라보이는 한산도로 진을 옮겼다.

　이순신은 자신의 함대뿐만 아니라 전라우수군과 충청수군이 함께 힘을 합쳐 일본군을 막아야 한다고 주청하였다. 그리고 수군의 역할이 커진 만큼 수군력 강화를 위해 대포를 지원해 줄 것을 요청하였다. 조정은 전쟁의 장기화에 대비해 3도 수군 전체를 통할하는 장수가 필요함을 절감하였다. 그래서 전라좌수사 이순신으로 하여금 삼도수군통제사를 겸하게 하였다. 1593년 8월 15일의 일이었다. 경상우수사 원균은 선배의 위치에 있는 자신이 이순신의 지휘를 받게 된 것을 흔쾌히 받아들이지 못했다. 이순신과 원균 사이의 갈등은 한층 증폭되었다.

　삼도수군통제사가 된 이순신 앞에는 크나큰 난제가 쌓여갔다. 무엇보다 군량미의 부족이 문제였다. 병사들이 굶주리는데다 역병까지 발생해 사망하는 병사가 적지 않았다. 전투에서 죽는 병사보다 병에 걸려 죽는 병사가 더 많았다. 일본군이 점령하지 못한 전라도의 상황도 악화일로였다. 다른 도보다 상황이 낫다는 이유로 명나라군의 전쟁 비용까지 부담해야 했고, 장정들은 군대 징집을 피할 수 없었다. 이순신은 유리걸식하는 백성들을 모아 섬 지방의 둔전을 개간하게 했다. 그리고 물고기를 잡고, 소금을 굽고, 질그릇을 만들어 팔아서 군량미를 조달하였다.

함선과 무기를 확충하는 일에도 전력을 기울였다. 전함을 새로 만들고, 민간에서 구리와 철을 거두어 개량형 대포를 제작하였다. 심지어 일본군의 조총을 연구해 성능이 더 나은 조총을 만들어내었다. 이순신은 자체 개발한 조총을 수군용으로 제작하는 한편, 육군과 조정에도 보내 조선군의 전력을 강화하려 하였다. 이순신은 엄한 군율을 세워 집행하면서도 부하들과 격의없는 토론을 통해 문제를 해결하였다. 한산도 진중에 세운 운주당에서 밤낮없이 지내면서 장수들은 물론 사졸들과도 토론하기를 즐겼다.

> 새벽에 적선 40여 척이 청슬(거제시 사등면)로 건너가는 것이 망군의 눈에 띄었다. 당항포 왜선 21척을 모조리 불살라 버렸다고 긴급보고했다. 저녁나절에 거제로 향했다. 맞바람을 거스르며 간신히 흉도에 도착하니, 남해현감이 '명나라 군사 2명과 왜놈 8명이 패문을 가지고 와서 패문과 명나라 군사 2명을 보낸다'고 보고했다. 패문은 명나라 도사부都司府 담종인이 보낸 것으로 '적을 치지 말라'는 내용이었다. 몸이 몹시 괴로워서 앉아 있기조차 불편하다. 저녁에 우수사(이억기)와 함께 명나라 군사를 만나 보고 돌려보냈다.   《난중일기》 1594년 3월 6일(양력 4월 25일)

한동안 소강 상태의 국면이 계속되었다. 그런 가운데 일본 함선이 견내량에서 가까운 통영과 고성 일대에 몇 척씩 모습을 보이기 시

그림99　조선군이 비격진천뢰를 발사하고 있다.　　　　　　**194**
《회본태합기》6편 권8)

임진전쟁과 신무기

임진전쟁을 겪으면서 조선의 무기 체계에 큰 변화가 생긴다. 조선은 일찍부터 화포를 발전시켜왔는데 육전에서도 수전에서도 화포를 이용한 공격술이 뛰어났다. 반면에 근접 보병전에는 약점을 갖고 있었다. 결국 우리의 강점인 일정한 거리를 두고 싸우는 전술을 채택하게 되며, 기존의 화포술을 활용하던 데서 나아가 다양한 무기가 개발되었다.

먼저 행주산성 싸움의 승리에 기여한 화차를 들 수 있다. 변이중이 개발한 화차는 승자총통 40문을 일제히 발사할 수 있는 일종의 다연장 로켓 같은 개념이었다. 이장손은 독창적인 형태의 폭탄 비격진천뢰를 개발하였다. 도화선에 불을 붙인 후 중완구中碗口라는 화기에 넣어 발사하였다. 1천 미터 가까이 날아가 터지는데, 경주성을 비롯해 진주성, 남원성 전투 등에서 널리 활용되었다. 성벽 위에서 불을 붙여 공격해 오는 일본군에게 던져 타격을 주기도 했다. 이순신이 이끄는 조선 수군 역시 웅포해전을 비롯한 전투에서 비격진천뢰를 요긴하게 사용하였다. 조선 수군 승리의 밑거름이 된 거북선도 자랑스러운 발명품 가운데 하나다.

임진전쟁 전에 개발된 승자총통은 오늘의 재블린이나 현궁 같은 개인용 미사일이라 할 수 있다. 사정거리가 길고 파괴력이 컸다. 임진전쟁 초기에 조선을 놀래킨 무기는 단연 조총이었다. 조총의 위력에 놀란 조선은 곧바로 조총의 개발에 착수하였고, 그 결과 임진전쟁 이후에는 조총이 조선군의 대표 무기로 바뀌게 된다.

그림100 강화회담의 진행으로 전투가 소강 국면을
보이는 가운데 삼도수군통제사 이순신이 이끄는 조선
수군은 1594년 3월 당항포에서 노략질하는 왜선 30여
척을 불살라 격파하였다. 《회본조선군기》권6)

그림101 정탁의《임진기록》속에는 담종인의 '금토패문'에 대해 이순신이 반박하는 내용의 장계가 실려 있다.

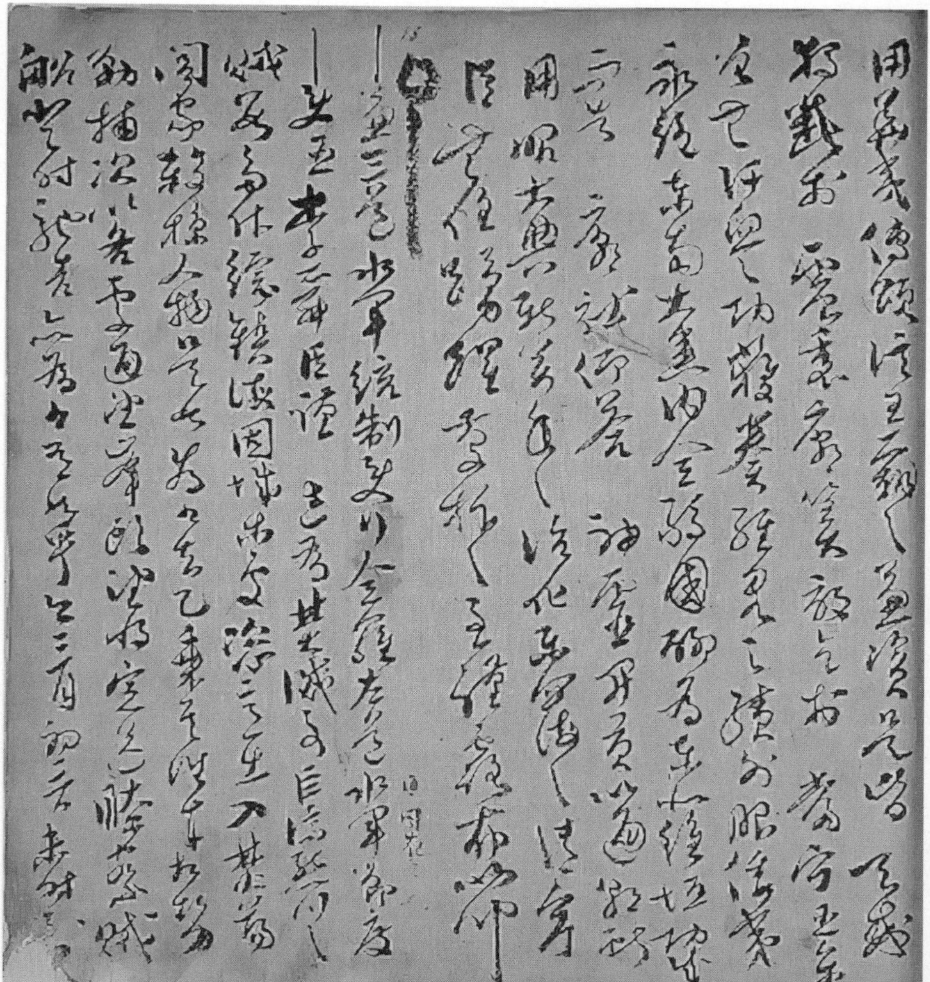

작하였다. 일본 수군은 강화협상 때문에 조선 수군이 공격해 오지 못할 걸로 생각해 긴장의 끈을 놓았을 수 있다. 남해안의 제해권을 지키기 위해서는 일본군에 철퇴를 가할 필요가 있었다.

다시 일본 함대가 출몰한 것은 1594년 3월 3일이었다. 거제와 웅천에 본거지를 둔 일본 함선 30여 척이 고성 당항포 등지에 출몰하였다. 그들은 떼를 지어 몰려와서는 민가에 불을 지르고 재물을 약탈하였다. 이순신은 수군을 이끌고 그날 밤 어둠을 틈타 출항하였다. 그리고 다음날 아침 당항포에 있는 일본군을 공격하였다. 이순신이 삼도수군통제사가 되어 벌이는 첫 전투였다. 이순신은 공격함대를 편성해 조방장 어영담으로 하여금 지휘하게 하였다. 자신이 이끄는 본진은 거제 장문포 적진 앞의 증도 바다 가운데를 틀어막고, 20여 척의 배는 견내량을 지키게 하였다. 당항포 입구와 외곽을 막아 포위 섬멸하려는 전략이었다.

아군의 공격을 눈치 챈 일본군은 싸울 생각조차 하지 않고 뭍으로 도망하였다. 당항포 입구에서 만난 왜선과 포구에 정박해 있던 왜선은 모두 31척이었다. 조선 수군은 일본 함선을 남김없이 깨뜨리고 불살라버렸다. 배를 버리고 육지에 틀어박힌 일본군을 섬멸하기 위해서는 육군의 조력이 필요한 것은 두말할 필요도 없다. 육군의 지원을 요청하는 공문을 순찰사에게 보냈지만 소득은 없었다.

조선 수군은 더 이상 일본군을 공격하지 못하고 한산도 본영으로 돌아왔다. 명나라 황제의 칙사인 도사부 담종인이 '금토패문'禁討牌文을 보내왔기 때문이다. 담종인은 강화협상을 위해 1593년 12월부터 웅천의 고니시 유키나가 군 진영에 머무르고 있었다. 담종인은

"너희 각 병선들은 속히 본래의 고장으로 돌아가, 일본군 진영 근처에서 소란을 일으킴으로써 사단을 만들지 말라"며, 계속 일본군을 공격한다면 책임을 묻겠다고 협박하였다.

몸이 아파 앓고 있던 이순신은 '금토패문'을 보고 분노를 금치 못하였다. 그는 왜적이 우리의 무고한 백성을 죽이는 등 자행한 흉악한 짓이 끝이 없기에, 잔당들의 배가 단 한 척도 못 돌아가게 나라의 원수를 갚으려 한다고 당당히 항의하였다. 경상도 연해 역시 조선땅이거늘, 일본군을 공격하지 말고 각자의 고향으로 돌아가라는 말은 이순신이 받아들일 수 없는 논리였다.

원군과의 불화

비가 조금 내렸다. 새벽녘에 임금의 밀지가 당도하였다. '수군과 육군의 장수들이 멀리 물러나 팔짱만 낀 채 한 가지도 계책을 세워 적을 치는 일이 없다'고 하였다. 3년 동안이나 바다에 나와 있거늘 그럴 리 만무하다. 죽음으로써 원수를 갚을 뜻을 장수들과 나날이 맹세하건만, 적이 험준한 곳에 웅거해 있으니 경솔하게 나아가 칠 수 없을 뿐이다. 나를 알고 적을 알아야 백 번을 싸워도 위태롭지 않다고 하지 않던가! 종일토록 바람이 사납게 불었다. 초저녁부터 촛불을 밝히고 홀로 앉아 상념에 잠겼다. 나랏일이 어지럽건만 이를 구할 계책이 보이지 않으니, 이를 어찌한단 말인가! 《난중일기》 1594년 9월 3일(양력 10월 16일)

1594년 9월 대원수 권율의 비밀편지가 이순신 진영에 도착하였다. 장문포에 주둔해 있는 일본군을 칠 터이니 9월 27일 수군을 출동시키라는 것이었다. 장문포해전은 이순신이 계획한 전투가 아니었다. 이순신은 전투의 필요성을 납득하지 못했고, 이순신이 치른 해전 가운데 가장 성과가 미미한 전투가 되었다. 특기할 만한 점은 수군만이 아니라 육군이 참전했다는 사실이다. 이순신이 줄곧 수륙합동작전을 주청했기에, 얼핏 보아 조정에서 이순신의 의견을 수용한 듯이 보이기도 한다. 하지만 육군은 의병을 포함해 1천여 명에 불과했다. 장문포해전을 건의한 사람은 원균이었다. 원균이 3도체찰사로 있던 좌의정 윤두수에게 건의해 작전계획이 수립되고, 윤두수가 수장을 맡았다.

9월 29일부터 장문포 공격이 시작되었다. 장문포는 해안선이 복잡하고 산세도 제법 험했다. 일본군은 장문포왜성에 틀어박힌 채 교전을 회피하였다. 곽재우와 김덕령 등이 이끄는 육군이 상륙해 싸움을 걸었지만 성과가 없었다. 장문포 북쪽의 영등포로 이동해 공격해보았지만, 그곳 일본군들 역시 싸우러 나오지를 않았다. 싸움다운 싸움이 벌어지지 않은 까닭에 겨우 일본 전함 2척을 불태웠을 뿐이다. 십여 일을 싸운 소득치고는 너무 보잘 것이 없었다.

독단적으로 작전을 밀어붙인 윤두수는 책임을 지고 체직되었다. 선조를 비롯한 조정 대신들은 길어지는 전쟁에 조바심을 느끼고 있었다. 그들은 조선군이 적극 공세로 나가주기를 바랐다. 전쟁 초기부터 조선 수군이 계속 승전을 거두자, 마치 조선 수군이 절대 우위를 점하고 있는 줄 알았던 것이다. 그들은 뒤바뀐 전장의 상황을 이해하지 못했다. 병법을 모르는 사람들이 전쟁을 지휘하면 어떻게 되는지를 보여주는 전쟁이었다. 그나마 아군측에 피해가 거의 없었으

그림102 19세기 고지도 속의 장문포. 포구 아래쪽
두 개의 산봉우리에 본성과 외성으로 나누어 쌓은
장문포왜성이 보인다.

니 천만다행이었다.

> 원균이 포구에서 수사 배설과 교대하려고 이곳에 이르렀
> 다. 교서에 숙배하라고 했더니, 매우 불평하는 얼굴빛을 띠
> 더라고 한다. 두세 번 타일러 억지로 숙배하게 했다니, 너무
> 도 무식한 것이 우습다. 　《난중일기》 1595년 2월 27일 (양력 4월 6일)

이순신은 《난중일기》 곳곳에 원균과의 불화를 숨김없이 적어두
었다. 그만큼 둘 사이의 갈등은 심각했다. 원균은 이순신보다 나이가
많았고 군 경력에서 선배였다. 여진족을 상대한 싸움에서 용맹한 장
수라는 명성을 얻기도 했다. 하지만 임진전쟁 개전 초기에 자신의 함
대를 대부분 잃은 원균은 그 후의 전장에서 이순신과 이억기 함대를
뒤따라 다니는 신세가 되었다.

이순신이 연이은 승전으로 명성이 높아지는 것도 그에게는 스
트레스였다. 원균은 자신의 함대가 공중분해되고 난 다음에 원군을
청했으나 이순신이 바로 달려오지 않은 것을 못내 불만스러워했다.
그리고 조정에서 자신의 공을 이순신보다 낮게 평가하는 것이 못마
땅했다. 출전에 소극적이었던 이순신을 자신이 불러들여 일본군을
무찔렀으니, 자신의 공이 크다고 스스로 생각했던 것이다. 억지논리
도 이런 억지논리가 없다.

둘 사이의 불화가 더욱 증폭된 것은 이순신이 삼도수군통제사
에 제수되고 난 다음이었다. 원균은 후배인 이순신이 선배인 자신의
상관이 된 것에 분노했다. 원균은 군사작전까지도 자신의 출세를 위

한 발판으로 이용했다. 이순신이 머뭇거리며 일본군을 공격하지 않는다고 끊임없이 비판한 것이다. 전시 상황임에도 불구하고 당쟁의 소용돌이에 빠져 있던 일부 조정 대신들은 원균이 올린 내용을 바탕으로 이순신을 음해하게 되었다.

원균이 전장에서도 자신의 명령을 듣지 않는 상황이 발생하고 그 뒤에 든든한 뒷배가 있음을 잘 아는 이순신은 조정에 자신의 사임을 청하였다. 조정에서는 이 문제를 두고 공론을 벌였다. 불화를 중재할 마땅한 수단이 없었던 조정에서는 원균을 충청병사로 보냈다. 둘 사이를 떨어뜨려 놓기 위해 원균을 육군으로 전보한 것이다. 원균은 조정의 조치에 불만을 가졌지만, 한편으로는 조정 대신들과 통교하는 기회로 적극 활용하였다. 이때의 파워게임에서는 이순신이 승리하였으나, 이것이 원균과 기나긴 싸움의 종착점은 아니었다.

> 20만 명의 군사를 거느리고 나고야名護屋에 주둔하는 히데요시秀吉는 그곳에 세 겹의 성을 쌓고 6층 누각을 지었습니다. 히데요시는 항상 내성 한가운데 자리한 6층 누각에 기거합니다. 세 겹으로 이루어진 성 머리에는 하나같이 층층의 포대를 설치했는데, 대포 시설과 방어 시설이 말할 수 없이 잘 갖추어져 있습니다. 성 안에는 관사와 창고만 있고, 백성들의 살림집은 성 밖에 즐비하게 늘어서 있습니다. 〈피로인소고왜정장〉

임진전쟁에 출전했다가 조선에 남지 않은 일본군은 규슈 북단의 나고야名護屋로 돌아갔다. 나고야성은 오늘의 사가현 가라쓰 해안

　이순신이 원균을 구원해 준 다음 두 사람은 좋은 관계를 유지하였다. 얼마의 시간이 흐르고 원균이 공을 다투면서 둘의 사이는 차츰 벌어지기 시작하였다. 본디 원균은 성정이 음흉하고 간사하였다. 그는 사람들과 작당하여 이순신을 모함하였다.

　"이순신은 처음에 구원하러 오지 않으려고 하였는데, 내가 여러 차례 요청한 다음에야 마지못해 온 것이오. 그러니 공으로 치면 내가 가장 으뜸일 것이오."

　조정의 의론도 둘로 갈렸다. 내가 이순신을 추천하였기 때문에, 나와 사이가 좋지 못한 사람들은 모두 원균을 지지하였다. 그러자 우상 이원익이 잘못된 내용을 밝히고 나섰다.

　"이순신과 원균은 각각 맡은 지역이 달랐으니, 처음에 구원하러 오지 않았다고 해서 크게 문제될 것은 아니오."

〈징비록〉

　원균은 또 유언비어를 유포하여 말하였다.

　"이순신이 오랫동안 해도海道를 점거해 병사와 백성들의 마음을 얻었으니, 사람들은 그를 해왕海王이라고 부른다. 국가에 이롭지 못할까 두려울 따름이다."

　그러자 임금 또한 이순신을 의심해 체찰사 이원익으로 하여금 은밀히 단서를 찾아내도록 하였다. 이원익은 두 차례나 비밀 장계를 올려 임금께 이순신의 충성심을 아뢰었다.

〈통제사 이충무공 유사〉

그림104 1596년 9월에서야 명나라 사신은 일본
오사카에 도착해 도요토미 히데요시를 만났다.
그림은 나고야에 도착하는 명나라 사신의 모습.
《회본조선정벌기》권13)

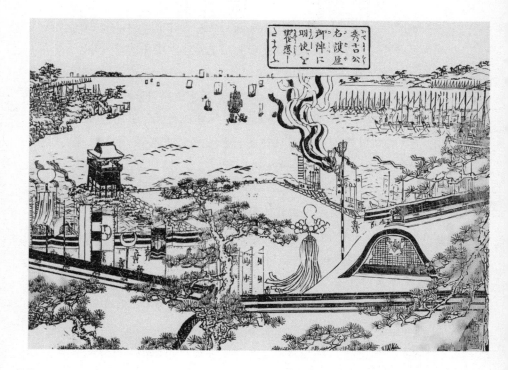

가에 지은 성으로 임진전쟁의 전초기지였다. 놀랍게도 나고야성은 허허벌판에 단 5개월 사이에 세워졌다. 나고야성은 대륙 침략이라는 도요토미 히데요시는 야망을 충족시키기 위해 급조된 병참도시였다. 이곳에서 임진전쟁 초기에만 9군으로 편성된 15만 8천 명의 일본군이 현해탄에 자리한 이키, 쓰시마를 거쳐 조선땅으로 쳐들어왔다. 추가로 파병한 숫자를 합하면 침략군의 규모는 20만 명이 넘었다. 파병되지 않은 채 나고야성에 머문 병력의 숫자도 10만 2천 명에 달했다.

오로지 침략전쟁을 수행하기 위해 지은 병참도시임에도 불구하고 나고야성은 일본 전역에서 오사카성 다음으로 큰 규모를 자랑했다. 도요토미 히데요시는 이곳 나고야성에 1년 2개월 동안 머무르면서 조선에 파병된 장수들에게 직접 지시를 내렸다. 나고야성 주위에는 전국에서 모여든 다이묘들의 병영 130곳 이상이 수킬로미터에 걸쳐 자리잡았다.

명나라와 일본간의 강화회담이 결렬되고 정유전쟁이 시작되자 다시 14만 명의 일본군이 나고야에서 조선으로 파병되었다.

조선이 아직 굴복하지 않은 것은 전라도와 충청도 2도가 그대로 온존되어 있기 때문이다. 따라서 앞서 발령한 방략(2월 21일의 명령)에 따라 좌군은 우키타 히데이에를 대장, 고니시 유키나가를 선봉 삼아 의령, 진주를 거쳐 전진하고, 우군은 모리 데루모토를 대장, 가토 기요마사를 선봉 삼아 밀양, 대구를 거쳐 나아가라. 좌군과 우군이 함께 전라도에 들어가 그곳의 벼를 베어 식량을 삼고, 성을 하나하나 공략하며 충청도로 진격하라. … 이번에는 머리 수급이 아니라 코를 베어서 소금에 절여 교토로 보내라.

参謀本部 編,《日本戰史 · 朝鮮役》

1595년과 1596년 이태 동안 명나라와 일본은 강화회담에 주력했다. 1595년 1월이 되어서야 명나라 조정의 사절단이 북경을 출발

그림105 명나라와의 강화회담에서 속은 것을 알고 대로한 도요토미 히데요시는 강화 실패를 구실 삼아 다시금 조선 재침공을 선언하였다. 《회본조선군기》 권8

그림106 다시 일본군이 쳐들어온다는
소식에 백성들이 한데 몰려 피란길에 나섰다.
《회본조선정벌기》권16)

하였는데, 이들이 일본군 주둔지인 부산에 도착한 것은 1년이 거의 다 되어서였다. 사절단이 일본으로 건너가 오사카성에 도착한 것은 다음해 9월이었다. 이렇게 어처구니없는 일이 벌어진 것은 강화회담이 사실은 두 나라 정부마저 속인 사기극이었기 때문이다. 담판사로 나선 사람들은 적당히 내용을 조작해 명나라 조정과 도요토미를 속이곤 하였다. 도요토미 히데요시는 명나라 사신을 접견하고 나서야 자신이 속은 것을 알고 대로하였다.

노발대발한 도요토미는 다시 출병할 것을 명령하였다. 강화 실패를 구실 삼아 도요토미 히데요시는 조선 재침공을 결심하였다. 먼저 고니시 유키나가가 이끄는 1만5천 병력과 가토 기요마사가 이끄는 1만 병력이 바다를 건너왔다. 7천여 명의 수군을 제외하고도 이후 순차적으로 조선으로 건너온 일본군의 전체 병력은 14만 명에 이르렀다.

임진년 침공시 일본군의 전략은 최대한 빨리 한성을 점령하여 선조의 항복을 받는 것이었다. 정유년 재침략시에는 전략에 큰 변화가 있었다. 그들의 최우선 목표는 전라도 점령이었다. 곡창지대인 전라도를 포함한 조선 남부를 확실히 장악한 다음 충청도를 거쳐 북진할 계획이었다. 명나라와의 강화협상 때 도요토미가 내건 조선 남부의 할양을 무력으로 달성하겠다는 것이었다. 도요토미는 임진전쟁이 실패한 것은 장수들의 전의가 약했기 때문이라고 생각하였다. 그래서 점령보다는 섬멸을 목표로 할 것과 전투보고를 할 때는 적병의 코를 베어 증거로 제출하라고 명령하였다. 정유전쟁은 임진전쟁보다도 훨씬 참혹한 전쟁이었다.

그림107 도요토미 히데요시는 섬멸을 목표로 전쟁에 임할 것과 '적병'의 코를 베어 제출할 것을 명하였다. 시마즈 요시히로 군이 조선인의 귀를 베어 통에 담고 있다. 일본에서는 코베기가 너무 잔인하다 하여 '귀'로 표현하는 경우가 많다. '적의 귀를 베어 일본으로 보내는 요시히로의 지혜'라는 문구는 후대의 일본인이 임진전쟁을 어떻게 바라보고 있는지를 알게 해준다. 일본군은 경쟁이라도 하듯 죽은 병사들의 코뿐 아니라 심지어 살아 있는 민간인의 코까지 베어가는 만행을 저질렀다. 한데 모은 코는 소금에 절여 도요토미 히데요시 앞으로 보내졌다. 일본 교토의 도요쿠니 신사 근처에는 높이가 9미터쯤 되는 큰 봉분의 귀무덤耳塚(코무덤鼻塚)이 지금도 남아 있으며, 다른 지역에서도 코무덤이 여러 곳 발견되었다. 임진전쟁 코베기의 산 증거이다. 《회본조선정벌기》권20)

이순신의 죄는 조정을 속이고 임금을 업신여긴 죄, 적을 놓
아주고 잡지 아니해 나라를 저버린 죄, 남의 공로를 가로채
고 남을 모함한 죄, 방자하고 거리낌이 없는 죄이다. 이처
럼 숱한 죄가 있어 용서할 수 없으므로 법률을 꼼꼼히 따져
사형에 처하는 것이 마땅하다.　　《선조실록》 1597년 3월 13일

일본이 임진전쟁에서 실패한 가장 중요한 요인 가운데 하나는
이순신의 활약이었다. 이순신의 눈부신 활약 때문에 제해권을 상실
한 일본은 육군과 수군이 서로 호응하며 치고 올라간다는 계획을 실
행조차 할 수 없었다. 이순신은 일본에 눈엣가시 같은 존재였다.

일본은 이순신을 제거하기 위해 교묘한 간계姦計을 부렸다. 이른
바 '요시라 사건'이 그것이다. 고니시 유키나가는 이중간첩 요시라
를 조선측에 보내 강화교섭이 실패한 것은 가토 기요마사가 전쟁을
고집했기 때문이라며, 가토 군이 어느 날 바다를 건너올 테니 도중에
습격하라고 유인하였다. 곧이곧대로 믿은 선조는 이순신에게 가토
군 요격작전을 지시하였다. 적의 유인작전이라고 생각한 이순신은
섣불리 군대를 움직이기 어려웠다. 그러는 사이에 가토는 다대포에
상륙하였다.

이순신에게 불만을 갖고 있던 선조는 요시라 사건으로 폭발하
고 말았다. 선조는 즉시 이순신에 대한 체포령을 내렸다. 이순신은
한성으로 압송되어 의금부 감옥에 갇혔다. 선조는 이순신을 사형에
처할 결심까지 했다. 다행히도 이순신은 판중추부사 정탁, 도체찰사
이원익 등의 구명 노력에 의해 겨우 목숨을 건질 수 있었다. 정탁은

그림108 요시라 사건은 지금도 두 가지 설이 부딪치고 있다. 고니시 유키나가가 경쟁상대였던 가토 기요마사를 제거하기 위해 조선측에 정보를 제공했다는 설과 고니시 유키나가의 반간계라는 설이다. 이 그림 속의 글귀는 고니시 유키나가가 요시라에게 명해 반간계를 꾸민 것으로 설명하고 있다. 《회본태합기》 7편 권6)

'이순신이 진격하지 않은 데는 그럴 만한 까닭이 있을 테니, 뒷날에 다시 공을 세울 수 있게' 하자고 간청하였다. 다행히 이순신은 감형되어 권율 휘하에서 백의종군하게 되었다.

> 일찍 길을 나서면서 어머니 영전에 울부짖으며 하직을 고하였다. 천지에 나 같은 사정이 어디 또 있으랴! 어서 죽느니만 못하다. 《난중일기》 1597년 4월 19일(양력 6월 3일)

이순신은 체포된 지 한 달이 조금 지난 4월 1일 옥문을 나왔다. 아들과 조카들이 그를 맞았고, 옛 부하 이순신 등은 술을 대접하였다. 영의정 유성룡과 판중추부사 정탁 등은 사람을 보내 위로의 말을 전했다. 이순신은 쇠약해진 몸을 추스릴 사이도 없이 백의종군 길에 올랐다. 비록 백의종군하는 죄인의 신분이었지만 지나는 길의 수령이나 지인들이 깍듯이 맞아주는 경우가 많았다.

쇠잔한 몸을 이끌고 고향인 충청도 아산에 이른 이순신은 때아닌 비보를 접하게 된다. 어머니가 세상을 떠난 것이었다. 이순신의 어머니는 전라좌수영이 있던 여수에서 지내고 있었다. 아들이 옥에 갇혔다는 소식을 들은 이순신의 어머니는 배를 타고 서해 뱃길로 올라오던 중에 숨을 거두었다. 어머니를 극진히 섬기던 이순신은 가슴을 치고 발을 동동 구르며 애통해했다. 슬픔을 가누며 겨우 어머니의 장례를 치르자마자 의금부 도사는 갈 길을 재촉했다. 어머니 영전에 하직을 고한 이순신은 다시 남행길에 올랐다.

이순신은 4월 27일 순천에 도착하였다. 도원수 권율은 이순신이

그림109 선조는 이순신이 조정을 기망해 임금을 무시한 죄, 적을 놓아주어 나라를 저버린 죄, 남의 공로를 가로채고 모함한 죄를 저질렀으므로 마땅히 사형에 처해야 한다고 주장하였다. 선조의 분노가 어떠하였는지 알 수 있다. (〈이순신 십경도〉)

백의종군

　백의종군白衣從軍은 무관직에 내리던 징계 처분 중의 하나이다. 조선시대에 죄를 범한 무관에게 가한 처벌 가운데 가장 중형은 처형이었다. 그 다음은 유배와 파면이다. 백의종군은 전시나 위급한 상황 중에 무관이 파직되었을 때 관직이 없는 상태로 국가를 위해 복무하게 하는 제도였다. 전직관료의 신분이 유지되기 때문에 파면보다는 약한 가벼운 처벌이었다. 현대의 보직해임이나 마찬가지 처벌이라고 할 수 있다. '백의'白衣란 관직이 없는 상태를 가리키는 관용적인 표현이다.

　이순신은 오늘날의 합참의장쯤에 해당하는 권율 도원수 밑에서 군사 고문의 역할을 하였다. 직접 거느리는 군관도 배속되어 있었고, 국가에서 주는 다소의 급료도 받았다. 《난중일기》를 보면 노마료를 받았다는 표현이 있는데, 이는 종과 말을 거두는 데 드는 비용을 가리킨다. 백의종군하는 동안 현직 관리들이 찾아와 현안을 보고하였을 뿐 아니라, 백의종군길에 올랐을 때부터 각처의 수령이나 장수들이 문안차 예방하고 있음을 알 수 있다.

모친상을 당한 것을 알고 곡진하게 위로의 말을 전했다. 그리고 몸이 피곤할 터이니 먼저 기운을 회복하도록 하고, 수하에 부하 군관을 거느릴 수 있도록 배려하였다. 권율이 지방을 순시하는 동안 이순신은 옛 부하들을 만날 수 있었다. 하나같이 이순신의 뒤를 이어 삼도수군통제사가 된 원균의 실정을 성토하였다. 원균이 흉측하고 패악한 짓을 저질러 마음이 돌아선 진중의 병사들이 군무를 이탈하고 있다는 것이었다. 이순신은 구례, 단계, 삼가를 거쳐 권율의 진영이 자리하고 있던 합천 초계에 이르렀다.

원균의 칠천량해전 : 조선 수군 궤멸되다

> 새벽에 이덕필과 변홍달이 와서 '16일 새벽 수군이 기습공
> 격을 받아 통제사 원균, 전라우수사 이억기, 충청수사(최
> 호)를 비롯한 장수와 병사들 다수가 해를 입고, 수군이 크
> 게 패했다'는 말을 전하였다. 듣고 있자니 통분을 참을 수
> 없었다.　　　　　　　　《난중일기》 1597년 7월 18일(양력 8월 30일)

　이순신이 옥에 갇히고 백의종군하는 동안에 일본군 부대는 순
차적으로 조선땅으로 다시 건너왔다. 일본군은 울산을 비롯한 영남
동해안 일대를 점거한 다음 웅천, 김해 등 부산 서쪽 일대로 거점을
넓히기 시작하였다. 일본군의 1차 공격 대상은 조선 수군이었다. 수
군을 격파한 후 전라도 방면으로 진출할 계획이었다.
　원균은 이순신이 일본군의 본거지를 공격하지 않는 것을 끊임
없이 비판하였다. 일본군의 재침략을 앞두고서도 바다 밖에서 적을

그림110 일본 수군은 4월 들어 조선 근해에 들어섰다.
일본군의 1차 공격 대상은 조선 수군이었다. 조정은 원균에게
일본군의 근거지를 공격하라고 명령하였다. 출정을 주저하던
원균은 부산 공격에 나섰다가 미숙한 전술로 일본 수군에
끌려다닌 끝에 칠천량에서 대패하였다. 《회본태합기》 7편 권6)

그림111 일본 군기물은 일본 장수 가운데 가토
요시아키가 칠천량해전에서 가장 무용을 뽐냈다고
적고 있다. 《회본조선군기》 권6)

그림112 가토 요시아키 혼자서 조선 배
수십 척을 빼앗았다는 과장된 표현도 발견된다.
《회본조선정벌기》권5)

막아 그들이 상륙하지 못하게 해야 한다고 주청하였다. 그와 같은 적극성 때문에 삼도수군통제사가 될 수 있었다. 그런데 통제사가 되고 나서는 나가 싸우기를 주저하였다. 원균은 수군 단독으로는 부산 앞바다에 들어가 싸우기가 불가능하니, 안골포와 가덕도에 있는 일본군을 육군이 먼저 몰아내야 한다고 주장하였다.

조정의 입장에서는 원균의 주장이 비현실적이었을 뿐 아니라 그가 싸움을 회피하는 것으로 비쳤다. 체찰사 이원익과 도원수 권율은 거듭 전투를 재촉하였다. 6월 중순 들어 원균은 수군을 이끌고 출전하였다. 판옥선 134척의 선단을 이끌고 안골포와 가덕도 일대의 일본군을 공격했지만 2척의 왜선을 빼앗았을 뿐 별다른 소득 없이 한산도로 귀환하였다.

조정에서 원하는 것은 부산 공격이었다. 하지만 원균은 지원군을 요청하며 차일피일 시간을 미뤘다. 선조를 위시한 조정은 말을 듣지 않는 원균에게 군법을 엄중히 집행하겠다고 엄포를 놓았다. 권율은 원균을 불러다가 곤장을 치며 부산포 출전을 종용하였다.

원균은 하는 수 없이 7월 5일 부산포 앞바다로 향하게 된다. 부산으로 가는 길에 조선 수군은 다대포에서 정박하고 있던 왜선 8척을 불태웠다. 원균의 부대는 절영도를 지나 부산 앞바다로 들어섰다. 일본군 함대는 조선 수군의 몇 배에 이르렀는데도 정면대결을 피한 채 달아났다. 원균은 일본군을 추격하도록 명령하였다. 그 바람에 적진 너무 깊숙이 들어가고 말았다. 강풍이 불고 파도가 높아졌다. 급히 배를 돌려 퇴각하는 과정에서 20여 척의 배를 잃고 말았다. 돌아오는 도중에 허기와 목마름에 지친 군사들은 물을 구하기 위해 가덕도에 기항하였다. 이때 섬에서 튀어나온 일본군이 이들을 덮쳤다. 원균은 400명의 군사를 잃고 허겁지겁 다시 줄행랑을 놓았다.

퇴각한 원균은 군사들과 함께 칠천량 해역에 머물렀다. 일본군은 승리의 여세를 몰아 조선 수군을 몰아칠 계획을 세웠다. 도도 다카토라, 와키자카 야스하루, 가토 요시아키 등의 수군 장수가 총동원되었다. 모두 이순신에게 쓰디쓴 패배를 맛본 자들이었다. 일본군은 7월 15일 달밤을 이용해 야습을 감행하였다. 몰래 숨어든 일본군에 의해 우리 함선 4척이 불에 탔다. 우리 수군이 당황하는 사이에 날이 밝자 일본 수군 1천여 척의 대부대가 총공격을 개시하였다. 일본군의 파상공세를 막아낼 재간이 없었다. 조선 수군이 자랑하던 판옥선이며 거북선 대부분이 불에 타고 부서졌다.

도망을 치던 원균은 가까스로 뭍에 올랐으나 뒤따라온 일본군의 칼에 최후를 맞았다. 전라우수사 이억기와 충청수사 최호를 비롯한 숱한 장수와 병사들이 목숨을 잃었다. 조선 수군의 거점인 한산도 통제영도 일본군의 수중에 떨어졌다. 조선 수군은 재빨리 달아난 경상우수사 배설이 이끄는 12척의 전선만이 살아남았다.

그림113 원균의 비극적인 죽음 장면. 《회본태합기》
7편 권6)

226

그림114 원균의 죽음 장면에 소나무가 등장하는 것은
《징비록》에 '원균이 배를 버리고 달아나려 하였으나 몸이
뚱뚱해 소나무 아래 주저앉고 말았다'는 표현 때문이다.
《회본조선정벌기》권17)

그림115 전라우수사 이억기의 죽음. 칠천량에서
원균뿐 아니라 이억기와 충청수사 최호도 전사하였다.
《회본조선군기》권9)

그림116 칠천량해전의 전공을 놓고 가토 요시아키와
도도 다카토라 등이 다투고 있다. 《회본태합기》6편
권6)

다시 삼도수군통제사가 되어

그대의 명성은 일찍이 수사로 임명되던 날부터 크게 드러났고, 임진년의 큰 승전이 있을 때부터 그 공적을 크게 떨쳐 변방의 백성과 군사들이 마음속으로 그대를 만리장성처럼 든든하게 믿어 왔거늘, 지난번에 그대의 직책을 교체해 죄인의 이름으로 백의종군하게 한 것은 역시 사람의 지모가 밝지 못해 생긴 일이었거니와, 결국 오늘 이같이 패전의 치욕을 당하게 되니, 무슨 할말이 있으리오! 무슨 할말이 있으리오! 이제 그대를 상복을 입은 채로 기용하고 또한 그대를 백의白衣 가운데서 뽑아내어 다시 예전처럼 충청, 전라, 경상 삼도수군통제사로 임명하니… 〈기복수직교서〉(1597년 7월 23일)

이로써 한산도를 방패 삼아 일본 수군의 서진을 저지하던 조선 수군은 일시에 궤멸되고 말았다. 남해 일원의 제해권은 일본군이 장악하게 되었다. 합천 권율의 진영에 머무르고 있던 이순신은 칠천량해전이 벌어진 다다음날 새벽에 자신이 심혈을 기울여 키운 조선 수군이 처참한 패배를 당했다는 비보를 접했다. 이순신은 들려오는 소식에 통분을 금할 수 없었다.

도원수 권율도 어찌할 바를 몰라 했다. 권율은 바로 이순신을 찾아 대책을 의논하였다. 이순신인들 뾰족한 방법이 있을 리 없었다. 이순신은 현지조사 후 계책을 제안하겠다고 했다. 권율의 허락을 받은 이순신은 송대립 등 9명의 참모와 함께 곧바로 길을 나섰다. 이순신은 곤양, 노량 등지의 해안 지방을 돌며 거제현령 안위, 영등포만호 조계종, 경상우수사 배설, 남해현령 박대남 같은 사람을 만나 칠천량전투 현황이며 수군이 어떤 상태인지를 파악하였다. 이순신은 연일 계속된 강행군으로 몸살이 나고, 제대로 잠을 자지 못해 눈병을 얻었다.

이순신은 여러 사람과 함께 일본에 맞서 싸울 방도를 논의하였다. 그러던 중 삼도수군통제사에 다시 제수한다는 조정의 교서를 받았다. 이순신에게 교서가 도착하기는 8월 3일이었지만, 조정에서 그의 복직을 결정한 것은 7월 23일이었다. 칠천량전투에서 원균이 패한 것이 7월 16일이었고 그 후 며칠이 지나서야 패전 소식이 조정에 당도했을 테니, 얼마나 부랴부랴 이순신의 복직이 이루어졌는지 알 수 있다. 다른 방도가 없었던 선조는 자신의 과오를 뉘우치며 이순신에게 의지할 수밖에 없었다.

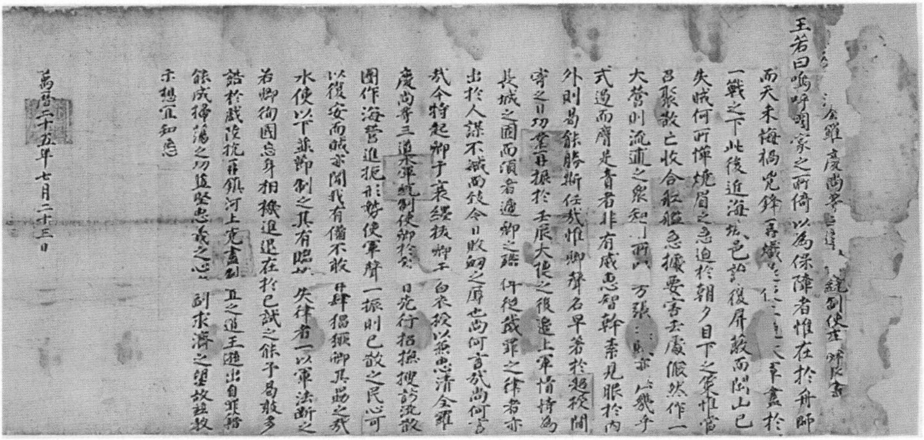

그림117 이순신을 다시 삼도수군통제사로 임명하는
기복수직교서.

232

이순신은 교서를 받은 그날 당장 길을 떠났다. 살아 남은 수군을 하나라도 더 규합해야 하는데, 시간이 없었다. 칠천량해전에서 승리한 일본은 이제 거칠 것이 없었다. 그들은 육지와 바다에서 동시에 전라도로 향하고 있었다. 이순신은 말이 병이 들 만큼 강행군을 하며 두치진이라 불리던 지금의 하동, 구례, 곡성, 순천, 낙안 등지를 돌았다. 뒤에서는 일본군이 하루이틀 거리로 뒤쫓아오고, 길거리에는 다시 난리가 났다는 소식을 들은 피난민이 넘쳐나고 있었다. 이순신은 관군마저 달아나버린 빈 관아를 돌며 무기를 챙겼다. 전라병사 이복남의 지시로 대부분의 관아 건물이며 식량, 무기는 이미 잿더미로 변해 버린 뒤였다. 일본군이 이용하지 못하도록 하겠다는 청야淸野 작전의 일환이었다.

이순신은 8월 17일 경상우수사 배설과 약속한 장흥땅 군영구미에 이르렀다. 군영구미는 이미 무인지경이 되어 있었고, 배설은 보이지 않았다. 회령포에 가서야 이순신은 배설을 만날 수 있었는데, 배설은 이순신을 받들 생각이 없었다. 이순신은 12척의 전함을 이끌고 해남땅 이진을 거쳐 어란포로 이동하였다. 이순신 부대가 이진을 떠난 지 불과 이틀밖에 지나지 않았을 때 일본 수군은 이미 이진에 들어서고 있었다.

마침내 일본군의 배가 눈앞에 출몰하는 상황이 되었다. 8척의 왜선이 나타나자 모두들 두려워 물러나려 하였다. 이순신이 깃발을 휘두르며 따라 잡도록 하니, 왜선은 물러갔다. 뒤에는 수십 척의 일본 수군 본대가 다가오고 있었다. 이순신은 진도 앞바다 장도를 거쳐 울돌목 입구의 벽파진으로 진을 옮겼다. 갖은 평계를 대며 요리조리 몸을 피하던 배설은 마침내 도망을 치고 말았다.

> 3도를 짓밟은 왜적들은 지나는 곳마다 가옥을 불사르고 백
> 성들을 도륙하였다. 우리 백성을 붙잡아 모두 코를 베어 버
> 리는 통에 왜적들이 직산에 이르자 도성 사람들은 벌써 다
> 달아나는 형국이었다.   《징비록》

 칠천량해전에서 일본 수군이 승리했다는 소식을 들은 일본 육
군은 두 갈래로 나누어 전라도로 향하였다. 일본군은 전라도 공략에
전역량을 쏟아부었다. 무려 10만여 명의 대군을 동원한 것이다. 우키
타 히데이에가 이끄는 좌군은 수군의 도움을 받으며 하동과 구례를
거쳐 남원으로 쳐들어갔다. 남원에서는 조명연합군이 일본군을 맞
아 싸웠다. 사흘 동안의 처절한 전투 끝에 남원성은 일본군의 수중에
떨어졌다. 일본군은 성안의 백성들을 닥치는 대로 살육하였다. 길바
닥에 죽은 사람이 모래알처럼 널려 있어 차마 눈을 뜨고는 볼 수 없
을 지경이었다. 일본군은 죽은 사람 사이를 돌아다니며 코를 베었다.
죽은 병사들만이 아니라 나중에는 노인과 부녀자를 습격해 산 사람
의 코까지 베는 만행을 저질렀다. 수집한 코는 소금에 절여 일본으로
보냈다. 지금도 일본에는 그때의 코를 묻은 무덤이 남아 있다.
 모리 데루모토를 대장으로 하는 우군은 초계, 안의를 거쳐 전주
로 향하였다. 황석산성에서 조선군이 일본군을 맞아 치열한 전투를
벌였지만 중과부적을 이기지 못하고 하루 만에 성이 함락되었다. 잇
따른 패전 소식에 전주를 지키던 명나라 군대는 스스로 달아나버렸

다. 일본군은 그토록 바라던 전주성에 무혈 입성하였다.

일본군의 거센 공세가 이어지자 조정에서는 다시 피난 논의가 일었다. 도성 백성들도 동요하였다. 전주에서 하나로 합류한 일본군은 공주와 진천을 거쳐 직산에 이르렀다. 일본군은 직산에서 명나라 군대와 일전을 치른 끝에 발이 묶이고 말았다. 일본군의 발목을 잡은 것은 명나라군뿐이 아니었다. 명나라군과 일본군이 직산, 천안 부근에서 대치하고 있던 중에 이순신은 다 무너진 조선 수군을 이끌고 명량해전에서 뜻밖의 대승을 거두었다. 일본군은 더 이상 북진할 수 없었다.

그림118 전라도를 정복하려던 일본군의 첫 목표는
남원이었다. 사흘 동안의 처절한 전투 끝에 남원성은
일본군에 함락되었다. 《회본조선정벌기》권17)

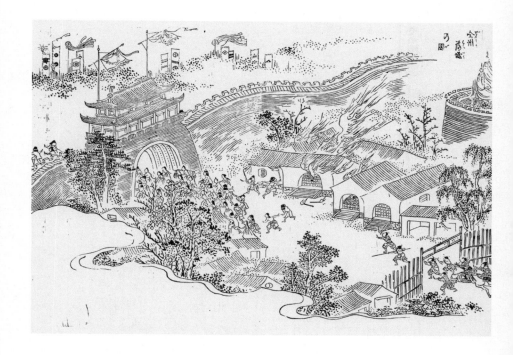

그림119 두 갈래로 전라도 공략에 나선 일본군은 명나라 군대가 도주한 가운데 전주성에 무혈 입성하였다. 《회본태합기》 7편 권7)

울돌목 바다의 기적

지난 임진년부터 오늘에 이르기까지 5, 6년 동안 적이 감히 충청도와 전라도로 바로 돌격해 오지 못한 것은 우리 수군이 그 길목을 누르고 있었기 때문입니다. 지금 신에게는 아직 전선 12척이 남아 있사옵니다. 죽을 힘을 다해 싸우면, 충분히 이길 수 있습니다. 지금 만일 수군을 없앤다면, 그것은 적이 다행으로 여기는 일일뿐더러 적의 배가 충청도를 거쳐 한강에 이르고 말 것입니다. 그것이 신이 걱정하는 바입니다. 비록 전선의 수는 적지만, 신이 죽지 않는 한 감히 적이 우리를 업수이 여기지는 못할 것입니다.

《이충무공행록》

더 이상 물러설 곳은 없었다. 벽파진을 지나면 서해 바다였다. 이순신은 벽파진에서 적을 맞아 싸우기로 결심하였다. 조정에서는 이름뿐인 수군이 적을 막아낼 수는 없을 것이라고 판단하였다. 그런 까닭에 이순신에게 육지에서 싸우라는 명령을 내렸다. 이순신은 아직 12척의 전선을 가지고 있으니, 바다에서 사력을 다해 싸우겠다는 장계를 올렸다.

일본군은 칠천량해전에서 조선 수군을 궤멸시킨 데 이어 전라도로 짓쳐들어가 이미 남원과 전주를 점령한 터였다. 일본군 부대의 한 갈래는 호남 각지를 돌며 쑥대밭을 만들고 있었다. 일본 수군은 이미 남해한의 제해권을 틀어쥐었다. 그리고 몇 척 남지 않은 조선 수군을 완전 박멸하겠다는 자세로 서진을 계속하고 있었다. 이제야 말로 수륙병진이라는 본연의 전략을 완수하겠다는 의도였다.

그럼에도 불구하고 그들은 임진전쟁 때의 실수를 반복하지 않기 위해 몹시 조심스러웠다. 9월 7일 왜선 13척이 벽파진을 향해 다가왔다. 조선 수군이 맞서 공격을 시작하니 일단 물러났다. 그날 밤에도 일본군은 야습을 감행하였다. 이순신은 자신이 직접 선두에 나서 적을 맞았다. 부하들이 칠천량에서의 패배 때문에 잔뜩 겁을 집어먹고 있었기 때문이다.

조선 수군의 전력을 탐색하던 일본군은 마침내 총공세를 시작하였다. 일본 함선 200여 척이 어란포 가까이 다가온 것이다. 이순신은 울돌목 뒤쪽의 전라우수영으로 진을 옮겼다. 적의 함대와 넓은 바다를 사이에 두고 싸우기보다는 울돌목의 좁은 해협으로 끌어들여 싸우는 것이 전술적으로 더 유리하다고 판단하였다. 우수영으로 진을 옮기고 나서 이순신은 부하들을 불러 모아 말했다.

"병법에 '죽고자 하면 살고 살고자 하면 죽는다'고 했다. 또한

그림120 이순신이 13척의 배로 10배가 넘는 일본
수군을 무찌른 명량해전도.

240

그림121 명량해전은 세계해전사에 빛나는 전투로 손꼽힌다. 중과부적인 적과의 전투, 울돌목의 거센 조류, 백의종군을 이겨낸 이순신의 불퇴전의 용기 같은 서사적 내용으로 인해 영화, 소설 등의 소재로도 즐겨 다루어진다. (〈이순신 십경도〉)

'한 사람이 길목을 지키면 천 사람이라도 두렵게 한다'고 했으니, 지금의 우리를 두고 한 말이다. 너희 장수들은 결단코 살려고 생각하지 말라."

9월 16일 이른 아침이었다. 바다를 가득 메운 일본 함대가 명량 해협으로 들어오고 있었다. 조선 수군도 출진하였다. 하지만 적의 대군 앞에서 처음부터 기가 꺾이고 말았다. 일본의 전함은 무려 백삼십여 척이었다. 조선 수군의 열 배나 되었다. 일본 전함들이 가까이 다가오자 겁에 질린 조선 수군은 벌써 뒤로 피할 기세였다. 명량의 거센 조류는 조선 함선에 역방향으로 흐르고 있었다. 전라우수사 김억추가 탄 배는 제법 뒤로 밀려나 있었다. 열심히 노를 젓지 않았기 때문이다.

그때 홀연 이순신의 대장선이 적진 속으로 뛰어들었다. 앞으로 돌진하며 지자총통, 현자총통 등 각종 총통을 쏘아대니 밀려오던 왜선에서 불기둥이 솟았다. 대장선에 타고 있던 병사들은 일제히 화살 세례를 퍼부었다. 그러자 조선 수군을 에워쌀 듯이 달려들던 왜선의 무리는 당황하는 기색이 역력했다. 그들은 곧추 달려들지 못한 채 나왔다 물러가기를 반복하였다. 그러나 사방이 왜선이라서 한치 앞도 내다볼 수 없는 위급한 순간이었다. 대장선이 홀로 적진 속에서 싸우는데도 다른 조선 함선은 여전히 관망만 하고 있었다.

뒤를 돌아보던 이순신은 호각을 불고 초요기를 올려 조선 함대에 공격을 명령하였다. 중군장 김응함의 배와 거제현령 안위의 배가 다가왔다. 이순신이 뱃머리에서 큰소리로 안위를 부르며 말했다.

"안위야, 네가 군법에 죽고 싶으냐? 도망간다고 살 듯싶으냐?"

＊　마다시馬多時는 이요국(지금의 에히메현) 출신의
구루시마 미치후사로 추정된다. 무사로서의 관위는
이즈모노카미出雲守로 명량해전에 선봉장으로 참전하였다.
그의 형인 구루시마 미치유키 역시 당포해전에서 전사하였다.

안위가 황망히 대답하였다.

"예, 어찌 감히 죽을 힘을 다하지 않겠습니까."

안위는 황급히 적선 속으로 돌격하였다. 이순신은 김응함도 크게 꾸짖었다.

"중군장으로서 멀리 피하기만 하고 대장을 구하지 않으니, 그 죄를 어찌 면할 것이냐? 당장 처형해야 마땅하지만, 적세가 급하니 우선 공을 세워라."

두 척의 배가 치고 들어가니 적병들이 달려들었다. 세 척의 왜선이 안위의 배를 에워쌌다. 일본군은 안위의 배에 개미가 달라붙듯이 치고 올라갔다. 안위와 안위의 부하들이 죽기로 싸웠지만 기진맥진해 거의 함락 직전에 이르렀다. 이순신은 자신의 배를 돌려 들어가 안위의 배를 구출하였다. 왜선이 연달아 격파되자 뒤에 머물던 조선 수군들도 싸움에 가세하였다.

이순신의 배에는 안골포에서 투항한 왜인 준사俊沙란 자가 타고 있었다. 바다를 굽어보던 준사가 바다에 떠 있는 적의 시체를 가리키며 외쳤다.

"저 붉은 비단옷을 입은 놈이 적장 '마다시＊馬多時'입니다."

이순신은 군사를 시켜 갈고리로 시체를 낚아 올리게 하였다. 뱃머리로 끌어 올린 시체를 보며 준사가 거듭 외쳤다.

"정말 마다시가 맞습니다."

이순신은 마다시의 머리를 베도록 명하였다. 잘린 마다시의 머리는 배 위에 높이 내걸렸다. 이것을 본 일본군은 기운이 크게 꺾이고 말았다. 용기백배한 조선 수군은 일제히 북을 치며 나아갔다. 대

그림122 이순신은 '한 사람이 길목을 지키면 천 사람이라도 두렵게 한다'고 부하들의 용기를 북돋우며 울돌목의 좁은 바다를 막은 채 선두에서 왜적에 맞서 싸웠다. (《회본태합기》7편 권8)

그림123 조선군의 승리를 강조하려다 보니 조선 수군의 군세가 더 성한 것처럼 그려졌다. 《회본태합기》 7편 권8)

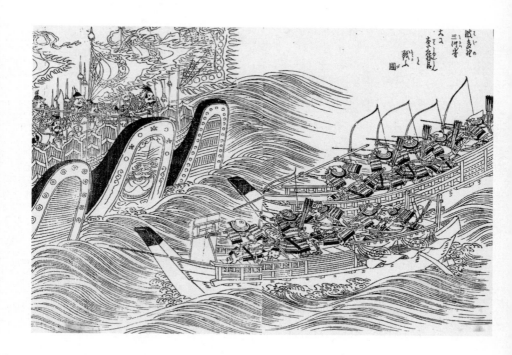

포가 불을 뿜고 화살이 빗발처럼 날았다. 그 소리가 바다와 산을 뒤흔들었다.

그 사이에 명량해협의 물살이 바뀌었다. 일본군을 향해 빠른 속도로 흐르기 시작한 것이다. 조류의 방향이 바뀌자 놀란 일본군 진영에 소동이 일었다. 유리한 조류의 흐름을 타고 조선 수군은 더욱 거세게 일본군을 몰아붙였다. 잠깐 사이에 30여 척의 왜선이 격파되었다. 혼비백산한 일본 수군은 줄행랑을 치기 시작하였다.

30척이 넘는 왜선이 파괴되었는데도 불구하고 절대적인 숫적 열세에 있던 조선 수군은 단 1척의 배도 잃지 않았다. 가장 앞장서 싸운 이순신의 배에서 나온 전사자는 2명이었다. 전체적으로 수십 명의 사상자가 발생했을 뿐이다. 이에 비해 일본군 사상자는 수천 명에 이르렀다. 너무도 기적 같은 승리였다. 세계 해전사상 유례를 찾을 수 없는 놀라운 승리였다.

일본군이 전라도 땅까지 유린해 들어오자 많은 피난민들이 이순신 곁으로 몰려들었다. 바닷가 백성들은 피난선을 끌고 왔다. 이순신은 걱정이 되어 그들에게 안전한 곳으로 떠나라고 일렀다. 하지만 누구도 이순신의 곁을 떠나려 하지 않았다. 그래서 이순신은 피난민들이 타고 온 배들을 먼 바다에 늘여 세워 마치 조선 수군의 함대인 양 꾸몄다.

명량해협을 내려다보는 언덕 위에서도 백성들은 전투 장면을 생생히 목격하였다. 그들의 눈에는 일본군 전함이 바다를 꽉 메운 것처럼 보였다. 바닷물이 안 보일 지경이었다. 십여 척에 불과한 조선 수군이 거대한 일본 수군과 싸우는 것은 마치 계란으로 바위를

그림124 일본군이 연환계를 사용했다는 그림이다.
메이지 시대 해군대학교 교장을 지낸 사토 데쓰타로를
비롯한 사람들은 이순신이 명량해협에 철쇄를
걸어 왜선들을 전복시켰다는 주장을 편 바 있다.
《회본조선군기》권9)

치는 격이었다. 조선 수군의 패배를 예감한 피난민들이 서로를 돌아보며 통곡하였다. 그런 절체절명의 상황에서 이순신의 배는 여전히 바다 가운데 우뚝 서 있고, 그 많던 일본 전함들이 꽁무니를 빼며 달아나는 것이었다. 그 이후 백성들은 이순신을 의지하는 마음이 더욱 두터워졌다.

저녁에 어떤 사람이 천안에서 와서 집안 편지를 전해 주었다. 봉투를 뜯기도 전에 뼈와 살이 먼저 떨리고, 정신이 아찔하고 혼미해졌다. 겉봉투를 뜯어내니, 예(둘째 아들)의 글씨가 눈에 들어왔다. '통곡'痛哭이란 두 글자였다. 면(셋째 아들)이 전사하였음을 알 수 있었다. 나도 몰래 간담이 떨어지며 통곡 또 통곡하였다.　《난중일기》1597년 10월 14일(양력 11월 22일)

이순신은 명량해전의 승리를 '참으로 천행'이라고 하였다. 기대할 수도 예상할 수도 없는 승리였다. 이순신은 그날 해거름에 무안 당사도로 진을 옮겼다. 요행히 일본군의 공격을 물리쳤지만 대부대가 다시 쳐들어온다면 막아낼 재간이 없었다. 일본군의 예봉을 피하기 위해 이순신의 함대는 법성포와 위도를 거쳐 군산 앞바다의 고군산도까지 진영을 물렸다.

고군산도에서 이순신은 장계를 작성해 승첩을 조정에 알렸다.
이순신의 승리 소식을 접한 명나라 장수 양호*는 이순신에게 큰 상을
내릴 것을 주청하였다. 이에 선조는 '마땅히 그가 해야 할 일'로 '큰
공이라 할 것도 자랑할 일도 아니'라고 말했다. 이순신의 놀라운 전
과를 높이 칭송하는 명나라 장수 앞에서 이순신의 공적을 깎아내리
기에 급급한 선조의 모습이 측은하기까지 하다.

진영을 물리며 일본 수군의 동태를 살폈지만 그들이 다시 공격
해 올 조짐은 보이지 않았다. 일본 수군은 이순신의 가공할 만한 능
력에 전의를 잃고 말았던 것이다. 이순신은 뱃머리를 다시 남쪽으로
돌렸다. 10월 11일에는 진을 발음도롤 옮겼다. 발음도에 머무는 동
안 이순신은 셋째 아들 면葂이 죽었다는 기별을 들었다. 면은 용기와
지략이 뛰어나고 말타기와 활쏘기에 능해 이순신이 자기를 닮았다
며 사랑해 온 아들이었다. 아산 본가에서 어머니를 모시고 있던 면은
일본군이 여염집을 분탕질한다는 말을 듣고 달려 나가 싸우다가 전
사하고 말았다. 이순신은 그 기별을 듣고 너무나 애통해 했다.

하지만 언제까지나 아들을 잃은 슬픔에 잠겨 있을 수는 없었다.
이순신에게는 하루바삐 수군을 재건하는 과제가 놓여 있었다. 이순
신은 목포 앞바다의 고하도에 머물면서 겨울을 났다. 무엇보다 전선
을 건조하는 일이 시급했다. 다음해 2월 이순신은 진영을 완도와 강
진 사이의 고금도로 옮겼다. 고하도에 진을 친 상태에서는 남해의 제
해권을 확보하기가 어려웠다. 어느 정도 힘을 회복했으니 일본군과
싸워야 했고, 고금도는 그러기 위해 선택한 곳이었다.

이순신은 고금도를 조선 수군의 든든한 기지로 만드는 작업에

그림125 19세기 후기의 고금도진 지도.

착수하였다. 배를 만들고 수천 군사를 먹여 살리기 위해서는 재원이 필요했다. 그것도 조정의 도움 없이 자력으로 해결해야 했다. 이순신은 해로통행첩을 발행해 부족한 군량미의 일부를 조달하였다. 그리고 둔전을 적극적으로 개발하였다. 이순신에 의지해 사는 백성만도 수만 명에 이르는데다 고금도는 둔전을 개발하기에 안성맞춤한 곳이었다. 또한 백성들이 지니고 있던 구리와 쇠를 모아 대포를 주조하고, 나무를 베어 배를 건조하였다. 몇 달 사이에 한산도 당시에 맞먹는 군세를 갖추게 되었다.

> 그제서야 명나라 장수가 먼저 보병을 내보낸 다음 스스로 기병을 거느리고 뒤를 막으며 후퇴한 것을 알았습니다. 전탄(태화강)을 지키던 절강의 보병과 기병은 장수가 후퇴한 것을 모르고 있다가 당황하며 도망을 쳤습니다. 산 위에 있던 적병이 줄지어 내려와 한꺼번에 사살하였는데, 보병 가운데 살아 돌아온 자가 많지 않을뿐더러 기마병으로서 죽임을 당한 자도 얼마인지 모릅니다. 더러는 갑옷과 투구를 버리고 맨몸으로 탈출하기도 하였습니다. 아군의 사상자도 많았습니다. 당당했던 대세가 순식간에 꺾임으로써 다 죽어가던 적이 도리어 흉악한 기세를 부렸으니 참으로 통곡할 일입니다. 《선조실록》 1598년 1월 16일

명량해전에서 이순신이 기적 같은 승리를 거둠으로써 바다를 통한 일본군의 서진은 봉쇄되었다. 육로로 북상하던 일본 육군도 직

산 부근에서 명나라 군대에게 가로막혔다. 정유전쟁이 시작되자 명나라군은 이전과는 다른 모습을 보였다. 대규모 원병을 파견해 적극 공세를 펴기 시작한 것이다.

육로와 수로를 모두 봉쇄당한 일본군은 10월부터 남해안으로 집결하기 시작하였다. 일본군은 울산에서 순천에 이르는 해안가에 성을 쌓고 주둔하였다. 전쟁의 앞날이 불투명하다고 생각한 일본군 장수들은 내심 자국으로 철수하고 싶어했으나, 도요토미 히데요시는 여전히 재북상을 독촉하고 있었다. 일본군은 한동안 해안가의 왜성에 틀어박혀 지냈다. 전쟁은 교착 상태에 빠졌다.

이런 상태가 지속되는 한 전쟁은 끝날 수가 없었다. 조명연합군은 이들을 모조리 격파해 전쟁을 끝내자는 결심을 굳혔다. 울산성이 첫 번째 공격 목표가 되었다. 1597년 12월 22일 5만여 조명연합군의 공격이 개시되었다. 울산성에는 가토 기요마사 휘하의 1만 6천여 병력이 주둔하고 있었다. 조명연합군은 이전과는 다른 맹렬한 기세로 연일 치열한 공격을 퍼부었다. 일본군은 숫적으로 불리하기 때문에 수성전으로 일관하였다. 울산성은 갓 축조된 성으로 견고한 반면에 미처 우물을 파지 못해 식수를 조달할 수 없는 치명적인 약점을 안고 있었다. 일본군은 말을 죽여 배고픔을 해결하고 눈을 녹여 식수로 사용할 만큼 처절한 고통 속을 헤매고 있었다. 울산성이 함락될 위기에 처하자 다른 곳에 머물고 있던 일본군이 원병을 보내기 시작하였다. 원병의 숫자가 늘어 조명연합군이 협공을 받을 상황이었다. 조명연합군은 1월 4일 마지막 힘을 모아 총공격을 개시했지만, 피해만 키웠을 뿐이다. 공격하는 조명연합군도 한겨울의 비바람 속에서 지칠 대

그림126 조명연합군 5만 명이 가토 기요마사 군이
웅거하고 있는 울산성을 포위 공격하고 있다. 연합군은
연일 치열한 공격을 퍼부었다.

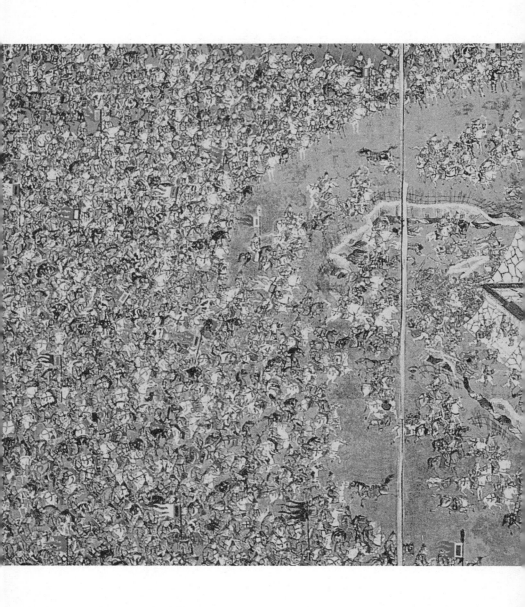

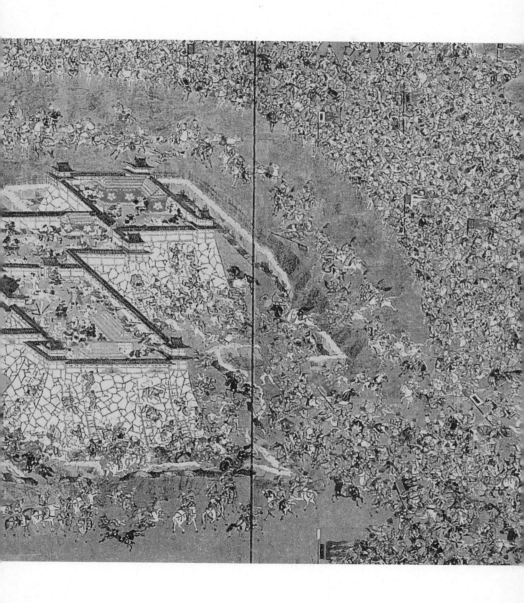

그림127 조명연합군의 파상공격에 맞서
숫적으로 불리한 일본군은 수성전으로 일관하였다.
《회본조선군기》 권9

그림128 배고픔과 목마름에 지친 많은 일본군이 물을 구하러 성 밖으로 나왔다가 매복해 있던 조명연합군에게 죽임을 당하였다. 《회본태합기》 7편 권9)

로 지쳐 있었다.

　13일간 전투를 벌이는 동안 조명연합군과 일본군 양측 모두에서 각기 6천여 명의 전사자가 나왔다. 누구의 승리라고도 할 수 없었다. 울산성전투를 치르면서 일본군은 더욱 위축되었다. 일본군은 보다 더 안전한 성으로 옮겨가고 방어력을 강화하는 데 혈안이 되었다. 조명연합군 역시 목표 달성에 실패하였다. 울산성전투는 수군의 중요성을 일깨워준 전쟁이기도 했다. 일본 수군이 태화강을 거슬러 올라와 수륙합동작전을 펼침으로써 조명연합군을 위협했던 것이다. 이에 명나라는 수군을 파견하게 된다. 그리고 군대를 나누어 전 전선에서 총공세를 펼치는 새로운 작전계획을 수립하였다.

명나라 수군의 참전과 왜교성전투

진린은 성격이 포악하여 남과 서로 어긋나는 사람이었으므로, 모두들 두려워하였다. 임금께서 청파 들판까지 나와 그를 전송하였다. 그때 진린의 군사들을 보니, 고을 수령에게 함부로 욕을 하는가 하면, 찰방 이상규의 목을 노끈으로 매어 끌고 다녔다. 그의 얼굴이 피투성이가 되었기에 통역관을 시켜 풀어주자고 했으나, 명나라 군사들은 내 말을 듣지 않았다. 나는 그 자리에 있던 대신들에게 말했다.

"안타깝게도 이순신이 질 것 같소이다. 진린과 같은 진중에 있게 될 텐데 충돌을 피할 수 없을 것 같소. 진린은 장수의 권한도 인정해 주지 않을 것이고, 군사들 또한 제 마음대로 다룰 텐데, 어찌 이기기를 바랄 수 있겠소?"

모여 있던 사람 모두가 고개를 끄덕이며 탄식하였다.

《징비록》

7월에 명나라 수군 도독 진린이 수군 5천 명을 거느리고 고금도의 이순신 진영에 합세하였다. 진린은 성격이 포악한 사람이었다. 진린의 사람됨을 직접 목격한 유성룡은 이순신과 관계가 틀어질 것을 걱정하였다. 아니나 다를까 진린과 명나라 군사들은 자신들의 위세를 믿고 방자하게 굴었다. 하지만 이순신은 유연하게 잘 대처해 명나라 군인의 군기를 감독하는 권한까지 얻어냈다.

명나라 수군이 고금도에 들어온 이틀 뒤인 7월 18일 일본 함선 100여 척이 출몰했다는 보고가 들어왔다. 이순신은 그날 밤 함대를 이끌고 출진하였다. 다음날 새벽 절이도(거금도)와 녹도(소록도 근처) 사이를 뚫고 나오는 일본 함선과 맞닥뜨렸다.《선조실록》에 의하면 이 전투에서 조선 수군은 일본군과 해상 요격전을 벌인 끝에 왜선 50여 척을 파괴하였다. 명나라 수군도 출항하였으나 전투에 참여하지는 않고 안전한 해역에 머물렀다. 그러나 전공을 탐낸 진린은 조선 수군의 전과를 가로챘다. 조선군이 거두어들인 일본군 수급의 대부분을 자신들의 전과로 만들어버린 것이다.

1597년 말부터 이듬해 초까지 치른 울산성전투에서 이렇다할 성과를 거두지 못한 명나라는 일본군을 사방에서 동시에 밀어붙이는 전술을 채택하였다. 1598년 후반의 전투는 모두 사로병진책四路竝進策의 연장선상에서 진행되었다. 사로병진책은 전라도 방면의 서로, 경상우도 방면의 중로, 경상좌도 방면의 동로 세 갈래 공격에 수군이 맡은 수로를 더한 개념이다. 8월 중순이 되면서 동로군은 울산, 중로군은 사천, 서로군은 순천 왜교를 향해 일제히 남하하였다. 수로군은 서로군과 수륙합동작전을 펼칠 계획이었다. 각각의 군대는 명나라

그림129 1598년 7월, 수군 도독 진린이 이끄는
명나라 수군 5천 명이 이순신의 본영인 고금도로
들어와 합세하였다.

와 조선의 연합군으로 편성되었다.

9월 하순 들어 세 방면에서 동시에 일본군에 대한 공격이 시작되었다. 하지만 화려한 작전계획에 비해 결과는 참으로 부끄러웠다. 동로군은 성문을 걸어 잠근 채 싸움을 회피하는 가토 기요마사 군에 이렇다 할 소득을 올리지 못했다. 연합군은 부산에서 구원군이 온다는 소문에 이내 군대를 돌려버렸다. 시마즈 요시히로가 웅거한 사천성을 공격하던 중로군은 일본군의 역공을 받아 큰 피해를 입었다. 전사자만 7천여 명에 이르는 참담한 패배였다. 왜교성 전투에서도 조명연합군 진영에 3천여 명의 사상자가 발생하였다. 무엇보다 서로군과 수로군 사이에 손발이 맞지 않아 수륙합동작전이라는 말이 무색했다.

명나라군 입장에서는 이미 일본군의 철수가 예정되어 있는데 구태여 더 많은 피를 흘려가며 싸울 이유가 없었다. 사로병진책의 입안자인 명나라 병부상서 형개조차 '싸우는 척하면서 화의和議하면 되니 토벌하는 시늉'만 하면 된다고 했을 정도였다. 또한 조명연합군은 일본군을 궤멸시킬 만한 전력을 갖고 있지 못했다. 자연히 소극적으로 전투에 임할 수밖에 없었다.

> 맑다. 하늬바람이 강하게 불었다. 도원수(권율)가 군관을 통해 '제독 유정이 달아나려 했다'는 편지를 보내왔다. 참으로 통분할 일이다. 나랏일이 장차 어찌될 것인가!
>
> 《난중일기》 1598년 10월 6일(양력 11월 4일)

그림130 7월 19일의 절이도(거금도)전투에서 조선
수군은 왜선 50여 척을 파괴하였다. 명나라 수군이
전투에 참전하지 않았는데도 불구하고 진린이 전공을
탐낸 탓에, 이순신은 조선 수군의 전과를 진린에게
양보하였다. (《회본조선정벌기》권17)

사로병진책에 따라 이순신의 조선 수군은 진린의 명나라 수군과 함께 수로군에 편성되었다. 수로군의 임무는 서로군과 힘을 합쳐 순천 왜교성을 공격하는 것이었다. 이순신과 진린은 고금도를 출항해 닷새 만인 9월 20일 아침에 왜교성 앞바다에 이르렀다. 왜교성에는 고니시 유키나가의 부대가 진을 치고 있었다.

서로군을 이끄는 명나라 장수는 유정이었다. 2만여 명의 명나라 군사는 남원에서 도원수 권율, 전라병사 이광 휘하의 1만여 조선군과 합류해 순천으로 들어왔다. 수로군의 진용은 나중에 도착한 증원군을 합한 명나라 수군 1만9천여 명과 조선 수군 7천여 명으로 이루어져 있었다. 서로군과 수로군이 수륙합동으로 왜성을 공략할 계획이었다. 그런데 유정은 처음부터 술수를 부렸다. 고니시 유키나가를 사로잡을 생각으로 강화회담을 제안한 것이다. 성밖으로 나왔던 고니시 유키나가는 명나라 군대가 매복하고 있음을 눈치채고는 재빨리 성안으로 달아났다.

왜교성을 포위한 조명연합군은 곧바로 육지와 바다 양쪽에서 공격을 시작하였다. 이순신의 수군은 바다에서 성을 향해 대포를 쏘아댔다. 일본군은 성벽에 몸을 가린 채 조총으로 맞섰다. 사흘 동안 치열한 전투가 계속되었다. 일본군 진영뿐 아니라 연합군 쪽에도 많은 사상자가 발생하였다. 왜교성 앞바다는 수심이 얕아서 썰물 때가 되면 배를 뒤로 물려야 했다. 수성전으로 일관하는 일본군을 향한 효과적인 공격이 이루어지지 않았다. 공격이 지지부진하자 유정은 병력을 퇴각시킨 다음 공성 장비를 준비하게 하였다.

9월 30일에는 명나라 수군의 지원 함대가 도착하였다. 100여 척에 이르는 규모였다. 10월 2일 다시 왜교성 공격이 이어졌다. 대단한 격전이었다. 많은 적을 죽였지만 조선 수군에도 처음으로 사망자가 생겼다. 육군은 일본군의 반격으로 공성 장비의 대부분을 잃고 말았다. 사천성을 공격하던 중로군이 크게 패했다는 소식을 들은 유정은 더 이상 공격에 나서려 하지 않았다. 다음날부터는 수군의 단독 공격이 진행되었다. 수군이 공격하는 것을 육군은 바라보기만 하였다. 10월 3일에는 야간 공격을 감행하였다. 한참을 싸우다가 조수가 빠지는 것을 미처 깨닫지 못한 명나라 전함 20여 척이 좌초되고 말았다. 배에 타고 있던 대부분의 병사들은 죽거나 포로가 되었다. 다음날에도 수군은 다시 파상공격을 퍼부었다. 하지만 수군의 힘만으로 성을 함락시킬 수는 없었다.

그러던 중 유정은 돌연 군대를 철수한다는 통지를 보내왔다. 하는 수 없이 이순신과 진린의 수군도 군대를 돌렸다. 고니시 유키나가는 명나라군의 발목을 묶어두기 위해 필사의 몸부림을 쳤다. 그것은 뇌물로 매수하는 것이었다. 뇌물을 받은 유정이 공격의 수위를 낮추고 군대를 물리는 바람에 고니시 유키나가는 살아날 수 있는 희망을 갖게 되었다. 그는 진린 또한 매수하려 하였으나, 이순신이 애써 설복한 끝에 진린은 뜻을 거두었다.

왜교성 전투에서 이순신과 진린의 수군은 30여 척의 왜선을 격침시키고, 11척을 나포하였다. 일본군 사상자는 3천여 명에 달했다. 명나라 수군에서는 800여 명의 사상자가 나왔으며, 조선 수군 130여 명이 전사하였다. 이순신의 다른 전투에 비해 피해가 상당히 컸다.

그림131 이순신과 진린의 조명연합 수군은 왜교성 앞바다를 막고 육군과 합동작전을 폈다. 하지만 명나라 육군뿐 아니라 수군도 공격에 소극적이어서 갈등이 심했다. 《회본태합기》 7편 권10)

그림132 명나라 수군은 1598년 9월의
왜교성전투에서부터 일본군과 전투를 시작하였다.
《회본조선군기》권10）

노량에 떨어진 별

죽은 이순신이 산 왜적을 깨뜨렸다. 《선조실록》 1598년 11월 27일

사로병진책에 따라 남해안 일대의 전투가 한창 준비되고 있던 1598년 8월 18일 임진전쟁의 주범 도요토미 히데요시가 돌연 병사하였다. 도요토미 히데요시의 죽음은 비밀에 붙여졌다. 뒷일을 위임받은 5대로五大老 등은 조선에서의 철병을 결정하고 일본군 장수들에게 귀국 명령을 발령하였다.

왜성에 틀어박힌 채 불안한 나날을 보내고 있던 일본군은 저마다 철수를 서둘렀다. 명나라군과 화의和議를 맺고 안전한 귀국을 보장받은 대부분의 일본군은 속속 부산으로 모여들었다. 명나라군은 일본군의 철수를 피를 흘리지 않은 채 승리를 거두는 것이라고 받아들였다. 일본군이 비워준 빈 성을 차지하고 전리품을 챙기면 그뿐이었다. 조선 육군은 독자적으로 일본군이 주둔한 왜성 하나 공격할 수

없는 초라한 수준이었다.

도요토미 히데요시가 죽었다는 소식은 일본군 진영을 넘어 조명연합군에게도 풍문으로 들려왔다. 이순신은 일본에 잡혀갔다 도망쳐온 포로를 통해 도요토미의 사망 소식을 들었다. 그전에도 몇 차례 그런 일이 있었기에 반신반의하던 차에, 진린에게서 고니시 유키나가의 군대가 철수하려 한다는 통지를 받았다. 이순신과 진린은 즉시 군대를 몰아 순천으로 향하였다.

조명연합 수군은 예교성 코 앞의 장도에 진을 쳤다. 일본으로 철수하기 위해 바다로 나오는 고니시의 군대를 섬멸할 생각이었다. 고니시 유키나가는 대경실색하였다. 이미 명나라 육군 장수 유정과는 협상을 마친 상태였다. 뇌물 공세를 펼친 끝에 퇴로를 보장받았던 것이다. 바닷길이 막혔다고 육로를 택할 수는 없었다. 길도 멀거니와 안전을 보장할 수 없었다.

왜교성에서 한 발자국도 움직일 수 없게 된 고니시 유키나가가 선택할 수 있는 것은 뇌물뿐이었다. 고시니 유키나가는 진린에게도 뇌물을 들이밀었다. 고니시와 진린 사이에 수시로 연락선들이 오고 갔다. 뇌물을 받은 진린은 이순신에게 일본군의 퇴로를 열어주자고 제안하였다. 하지만 이순신에게 일본군은 한 하늘을 이고 살아갈 수 없는 원수였다. 이순신은 단호하게 거절하였다. 이순신의 강경한 반대로 손에 피를 묻히지 않은 채 전쟁을 끝내려던 진린의 의도는 실패하고 말았다.

뇌물을 받은 것이 켕겼던 진린은 고니시 유키나가가 요청한 소선 1척의 통과를 허용하였다. 다른 곳에 있는 일본군의 도움을 요청

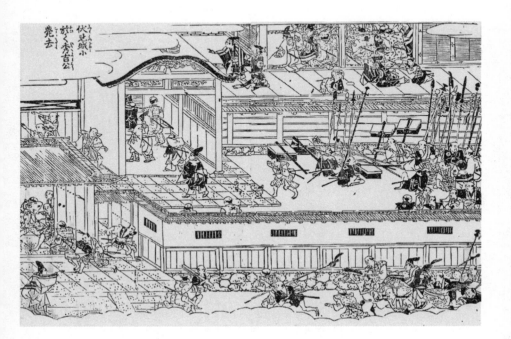

그림134 순천 왜교성의 고니시 유키나가는 명나라 육군 장수 유정에게 뇌물 공세를 펼친 끝에 공격하지 않겠다는 약속을 받아냈다. 《회본조선군기》 권10)

하려는 계략이 뻔했다. 아니나 다를까, 고니시 유키나가의 급보를 받은 사천의 시마즈 요시히로는 고성, 남해 등지에 연락해 급히 구원군을 조직하였다. 조명연합 수군을 협공하면서 고니시 군과 함께 퇴각하려는 생각이었다.

왜선 1척이 포위망을 빠져나갔다는 보고를 받은 이순신은 노량해협 근처로 함대를 옮길 것을 결심하였다. 왜교성 앞에 계속 머물다가는 연합군이 오히려 일본군에 협공당할 판이었다. 이순신은 진린을 설득해 함께 출전하였다. 장도에는 복병 함대만 남겨 두었다.

11월 18일 저녁, 드디어 일본 함대가 노량에 나타났다. 500여 척에 이르는 대선단이었다. 조선과 명나라 두 나라의 연합 수군은 돛을 올리며 발진하였다. 연합함대의 규모는 조선 수군의 판옥선 60여 척에 명나라 함선 200여 척의 규모였다.

다음날 새벽 2시쯤 연합함대는 일본군 함대와 조우하였다. 일본군 함선들이 물목이 좁은 노량해협을 가득 메우고 있었다. 이순신은 하늘을 향해 왜적을 무찌를 수 있기를 빌었다. 일본군을 하나도 살려 보내지 않겠다는 조선 수군의 전의는 하나같이 비장했다. 이제야말로 7년 동안 무참히 짓밟힌 한을 풀고 도륙당한 백성들의 원수를 갚아야 할 때였다.

공격 개시를 알리는 신기전이 날아 올랐다. 좌우로 날개를 펼친 연합함대의 함포가 일제히 불을 뿜었다. 왜선에서 불길이 치솟았다. 일본군도 곧바로 응전해 왔다. 그들도 절박하기는 마찬가지였다. 이 마지막 전투에서 살아 남아야 고향으로 돌아갈 수 있었다. 양진영을 향해 날아가는 대포 포탄과 화살, 조총 탄환이 우박이 쏟아지는 듯했다. 전투는 처음부터 총력전이었다. 일본 함대는 많은 배가 좁은 해역에 밀집해 있었기 때문에 연합함대의 좋은 사냥감이었다. 왜선단은 차츰 전열이 흐트러졌다. 불길에 휩싸이고 부서지는 왜선이 늘어났다. 부서진 배의 파편이 선홍빛 불비가 되어 바다를 덮었다. 배의 잔해와 함께 무수한 일본군이 바닷속으로 수장되었다. 지옥이 따로 없었다.

그런 속에서도 일본 함대는 돌파를 시도하였다. 야간 전투였던 관계로 싸움은 이내 접근전 양상으로 바뀌었다. 한동안 대혼전이 지속되었다. 조선 수군의 강점은 접근전에서는 발휘되기 어려웠다. 하지만 백병전을 방불케 하는 상황에서도 조선 수군은 한치도 물러서지 않았다. 발악하듯 몇 차례 기습 돌파를 감행하던 일본군은 조명연합군의 강력한 저지에 막혀 순천으로 향하는 뱃길을 끝내 뚫지 못했다. 더 이상 고니시 군을 구원하기는 어려웠다. 퇴각하는 수밖에 없었다.

조명연합군은 계속해서 일본 함대를 몰아붙였다. 쫓기던 일본 함대의 일부는 가까스로 퇴로를 발견하고 죽을 힘을 다해 달아나기 시작하였다. 얼마쯤 달아났을까? 그곳이 남해도를 돌아나가는 열린 뱃길이 아니라는 것이 금세 드러났다. 뒤가 육지로 막힌 관음포구였던 것이다.

야밤이라서 깊숙한 포구임을 알아차리지 못했다. 망연자실한 일본군 중에는 배를 버리고 뭍으로 기어오르는 자들이 생겼다. 그들은 나중에 모두 명나라군에게 도륙당하였다.

그림135 11월 19일 새벽 조명연합 수군과 구원하러 온 일본군 사이에 최후의 일전이 벌어졌다. 조명연합 수군은 모두 260여 척, 일본군 선단은 500여 척의 규모였다.

그림136 야간 전투라서 싸움은 이내 접근전으로
전개되었다. 조선 수군은 자신들의 강점이
발휘되기 어려운 속에서도 일본군을 하나라도
살려 보내지 않겠다는 결심으로 치열하게 싸웠다.
《회본조선정벌기》권19)

그림137 한치 앞을 알 수 없는 치열한 교전 속에서
명나라 장수 등자룡이 전사하였다. 등자룡은 연로한
노장이었음에도 명나라 장수 가운데 가장 용감히 싸운
장수로 꼽힌다. 《회본태합기》7편 권10)

그림138 혼전 속에 날아온 유탄 하나가 전투를
진두지휘하던 이순신의 가슴을 뚫었다. "싸움이 급하니
나의 죽음을 알리지 말라." 비장한 한 마디를 남기고
이순신은 눈을 감았다. 《회본조선정벌기》 권20)

李舜臣
大空
飛九の為
戦死を

포구에 갇힌 일본 함선들이 배를 돌려 나오기 시작하였다. 다시 한 번 격렬한 전투가 전개되었다. 독에 갇힌 생쥐가 된 일본 함선이 하나둘 바닷속으로 가라앉았다. 일본군도 사생결단으로 맞섰다. 날이 밝아오고 있었다. 혼전 속에 날아온 적군의 유탄 하나가 돌연 함대를 이끌며 독전하던 이순신의 가슴을 뚫었다. 쓰러진 이순신을 부하들이 장막 안으로 급히 부축해 옮겼다. 이순신은 가쁜 숨을 몰아쉬며 말했다.

"싸움이 급하니 나의 죽음을 알리지 말라."

그리고 이순신은 눈을 감았다. 그의 나이 쉰세 살이었다. 이순신의 죽음과 함께 전투는 막바지로 치달았다. 많은 일본군이 관음포 앞바다에 수장되었다. 그래도 요행히 살아 남아 도망치는 배들은 있었다.

일본군은 전함 200여 척을 잃었다. 죽은 자는 수천 명에 달했다. 조명연합군의 피해도 적지 않았다. 명나라 좌선봉장 등자룡을 비롯해 가리포첨사 이영남, 낙안군수 방덕룡 같은 장수도 전사하였다. 무엇보다 다른 전투에 비해 지휘관급 희생자가 많았다. 그만큼 치열한 전투였고 전투에 임하는 자세가 남달랐다는 방증이다.

순천 왜교성에 갇혀 있던 고니시 군대는 노량해협에서 불길이 치솟는 것을 보고는 몰래 달아났다. 하지만 구사일생으로 목숨을 건진 고니시 유키나가의 말로는 비참했다. 고니시 유키나가뿐 아니라 이시다 미쓰나리, 우키타 히데이에 등은 도요토미 히데요시 가문의 몰락과 함께 역사의 뒤안길로 사라졌다. 도요토미 히데요시의 아들 히데요리를 지지하면서 도쿠가와 이에야스와 맞섰다가 패했기 때문이다. 고니시 유키나가는 조리돌림까지 당하는 치욕 끝에 참수형에

그림139 조선의 운명을 두 어깨에 짊어지고 끝내 나라를 지켜낸 이순신의 마지막 숨은 기나긴 전쟁이 막을 내리던 노량 바다에서 멈추었다. 그의 나이 쉰세 살이었다. (〈이순신 십경도〉)

처해졌다.

노량해전은 7년에 걸친 지옥 같은 전쟁의 대미를 장식하는 최대의 승리였다. 노량해전을 끝으로 기나긴 전쟁은 막을 내렸다.

에필로그

그림140 노량해전을 끝으로 더 이상의 총성은 울리지 않았다. 부산에 집결한 일본군은 꽁지가 빠지게 일본으로 돌아갔다. 《회본조선정벌기》 권20)

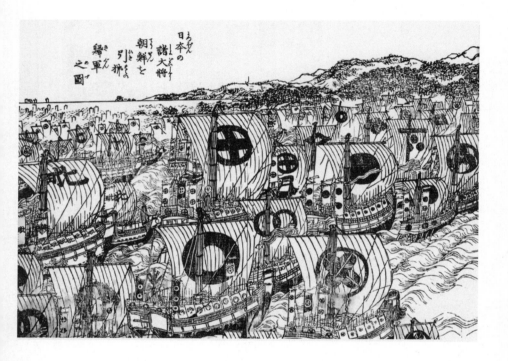

이순신 신화의
거대한 뿌리

1598년 11월 19일 이순신이 전사하였다. 이순신의 죽음과 함께 한반도 전역을 피로 물들인 전쟁은 끝이 났다. 이순신이 숨을 거둔 바로 그날 이후 더 이상 총성은 울리지 않았다. 이순신의 수군에 밀려 남해도 관음포로 쫓겨갔다가 망연자실하며 뭍에 올랐던 일본군 패잔병들을 소탕하는 작업이 이어졌을 뿐이다.

참으로 신기한 일이었다. 이순신이 주도한 노량해전을 빼고는 퇴각하는 일본군을 공격하는 부대는 어디에도 없었다. 조선에 출병한 다이묘들은 꽁지 빠지게 달아나기 바빴다. 도요토미 히데요시가 급작스럽게 죽어 일본 내의 정세가 어떻게 변할지 한치 앞을 가늠하기 어려운 상황이었다. 목숨을 건 권력 다툼이 예견되었기에 황급히 철군할 수밖에 없었다. 그런데도 황망히 달아나는 일본군을 공격하는 부대는 육지에서도 바다에서도 더 이상은 없었다.

이순신은 한직을 전전하다가 임진전쟁이 터지기 1년 전에야 전라좌수사가 되었다. 바다를 지키는 수군 대장이 됨으로써 그는 숙명적으로 임진전쟁의 한복판에 놓이게 되었으며, 육군이고 수군이고 추풍낙엽처럼 쓰러져 나가던 때 일본 수군을 연파해 바람 앞에 등불 같던 나라의 운명을 되살려놓았다.

그는 동시대의 사람들에게도 단지 연전연승을 거둔 명장으로만 기억되는 게 아니었다. 거북선이라는 불가사의한 불패의 전함을 창안하고, 백의종군의 모욕을 당하면서도 겨우 13척의 배로 열 배가 넘는 적을 무찌르는 기적을 창조했으며, 전쟁의 종결과 함께 자신의 목숨을 역사의 제단에 바치는 드라마틱한 삶을 살았다.

권율이나 곽재우, 김시민 같은 임진전쟁의 영웅은 많다. 하지만 그 가운데서 가장 우뚝한 사람은 단연 이순신이다. 이순신은 생사고락을 같이한 병사들은 물론 가까이에서 조선 수군의 놀라운 활약을 지켜본 남해 연안 주민들에게 마치 신과 같은 존재였다. 그래서 김자현 교수의 표현대로 조선이라는 '상상의 공동체'가 형성되는 속에서 우리 민족의 '애국적 얼굴'이 될 수 있었다.

해전사를 연구한 일본인 학자들은 한마디로 '조선의 안녕은 이순신 덕분'이었다고 단정하였다. 하지만 이순신이 목숨 바쳐 지켜낸 조국에서는 그의 공적에 합당한 대우를 해주었을까? 선조는 이순신이 자신의 공격 명령을 따르지 않았다고 의금부 감옥에 가두어 고문까지 자행했으며, 이순신이 명량해전에서 기적 같은 승리를 거두었음에도 '큰 공이라 할 것도 자랑할 일도 아니'라고 폄하했다. 선조는 이순신을 시기하고 질투했다. 조정 대신들도 마찬가지였다. 자신들은 지탄의 대상이 되어 있었던 데 반해 이순신이 백성들의 높은 신망

그림141 명나라 수군 장수 진린에게서 이순신의
전공을 보고받은 명나라 황제 신종이 이순신의 공을
치하하며 보낸 하사품.

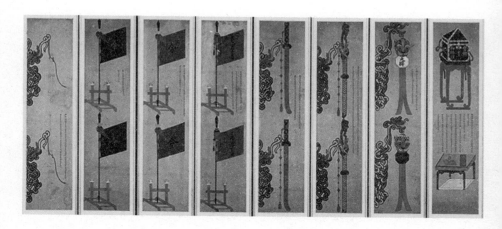

그림142 1617년 편찬된《동국신속삼강행실도》속의
이순신. '이순신 모든 힘을 다해 싸우다'라는 제목 아래
이순신의 최후를 그렸다.

을 받는 게 못마땅했다.

이순신이 선무공신 1등의 직첩을 받았다고 해서 온당한 예우라
고 하기도 찜찜하다. 조선 수군을 두 차례나 궤멸시킨 원균에게도 같
은 직첩이 내려졌으니 말이다. 뿐만이 아니다. 목숨 바쳐 싸운 장졸
들 가운데 공신에 봉해진 사람은 겨우 18명뿐이다. 놀라운 것은 관군
보다 뛰어난 전공을 세운 의병장이 많건만 단 한 사람도 공신의 반열
에 오르지 못했다. 오히려 김덕령처럼 없는 죄를 뒤집어씌워 처형해
버린 의병장도 있으니 더 말해 무엇하랴.

그런데 호성공신의 칭호를 받은 사람들이 있다. 그것도 무려 86
명이나 된다. 주로 선조와 피난길을 함께했던 사람들이다. 그 가운데
상당수는 마부며 내시같이 단순 시중이나 들던 사람들이다. 누가 봐
도 비웃음이나 살 일이었다.

이순신 부하들의 주청으로 여수 좌수영 북쪽에는 이순신을 모
시는 사당 충민사가 세워졌다. 이순신의 부하들은 또한 여수 동명마
루 위에 이순신의 죽음을 슬퍼하는 타루비墮淚碑를 세웠다. 영남 지방
백성들은 이순신을 기리기 위해 통영에 착량묘를 세웠으며, 거제에
도 사당이 지어졌다. 한동안 호남 지방의 사찰들에서는 이순신의 넋
을 달래는 제를 올렸다. 전선은 물론 어선들도 출항할 때마다 이순신
의 사당에 가서 아뢰었다. 이렇듯 백성들의 마음속에 이순신을 경모
하는 신앙이 자라났다.

선조의 뒤를 이은 광해군 때《동국신속삼강행실도》라는 책을 펴
냈다. 책 속에는 이순신이 일본군과 힘써 싸우다가 전사하는 장면이
짧은 글과 함께 그림으로 묘사되어 있다.《동국신속삼강행실도》를

그림143 백범 김구가 임시정부의 재정을 후원한 미주 동포 대표 안창호 육사에게 써준 글. 이순신의 시 〈진중음〉에 들어 있는 '바다에 맹세하니 어룡魚龍이 감동하고 산에 맹세하니 초목이 알아주네'라는 글귀다.

펴낸 목적은 전쟁으로 인해 이반된 민심을 달래고 백성을 교화하기 위해서였다. 그런 만큼 이순신 장군에 대한 온당한 역사적 평가로 보기는 어렵다. 내용도 짧거니와 책 속에는 무려 1,590명이나 되는 효자, 열녀, 충신이 들어 있다. 위정자들에게 이순신은 이용할 가치가 있는 인물일 뿐이었다.

이순신은 살아서도 죽어서도 외로운 사람이었다.《난중일기》를 보면 몸이 좋지 않다는 표현이 자주 등장한다. 사천해전 때 입은 총상으로 어깨뼈에서 진물이 흘렀으며, 고문 후유증에도 시달렸다. 적의 코앞에서 나라를 지키는 변방의 장수가 잠을 제대로 잤을 리도 없다. 밤새 나랏일을 걱정하며 수심에 잠기거나 갑옷을 입은 채로 새우잠을 자야 했다. 몸이 아픈 것보다 더 힘든 것은 자신의 노력이 폄훼되는 일이었다. 이순신은 자신을 '고신'孤臣이라고 자처했다. 버림 받았다는 자조감에 그는 늘 외로웠다.

> 바다에 맹세하니 어룡魚龍이 감동하고
> 산에 맹세하니 초목이 알아주네
> 원수를 모두 섬멸할 수 있다면
> 비록 죽음이라도 사양하지 않으리
>
> 이순신, 〈진중음〉陣中吟 (일부)

이순신의 시에 유독 비장감이 넘치는 것은 그의 외로움과 무관하지 않다. 그는 자신이 읊은 시의 마지막 구절처럼 마지막 전쟁을 치르며 장렬히 산화했다.

그림144 안중식이 그린 잡지《아이들보이》
표지화(1913). 안중식은 그림 속의 인물이 누구인지
특정하지 않았지만, 그의 〈한산충무〉 같은 그림에
비추어 이순신을 그렸을 것으로 추정하기도 한다.

이순신을 제대로 알아준 사람은 어쩌면 살아서는 유성룡, 죽어서는 정조뿐일 것이다. 정조는 이순신에게 영의정을 추증하고,《난중일기》, 장계, 서신, 시문 등 이순신에 관한 자료를 모두 모아《이충무공전서》를 간행하였다. 이순신이 죽은 지 200여 년 만의 일이었다. 임금이 신하의 문집을 펴내는 것은 전례가 없는 일이라는 이유로 신하들이 만류하였음에도 불구하고 정조는《이충무공전서》간행을 밀어붙였다.

정조의 뚝심으로《이충무공전서》편찬작업이 이루어졌지만, 그뿐이었다. 이순신은 다시 잊혀졌다. 이순신이 부활한 것은 국권이 위태롭던 20세기 초에 들어서다. 1908년에 신채호는《수군제일위인 이순신전》을 썼다. 이순신을 통해 민족의식을 고취하려는 의도였다. 이어서 박은식, 이윤재, 이광수 등이 잇따라 이순신 전기를 발표하였다.

그런데 정작 이순신 전기를 먼저 쓴 사람이 있었다. 신채호보다 16년이 빠른 1892년의 일이었다.《조선 이순신전》이라는 책으로 저자는 놀랍게도 일본인이다. 세키코세이라는 베일에 싸인 일본인이 쓴 이 책은 임진전쟁에 참가한 일본 수군의 행적을 비판하면서 이순신의 활약을 조명하는 내용이다. 그런데 그 파장은 만만치 않았다. 이 책은 메이지 시기 일본에서 이순신 신화가 만들어지는 기폭제가 되었다.

당시 일본은 제국주의의 길을 걸으면서 대륙 진출을 엿보고 있었다. 그런 만큼 해군력 강화가 국가적 과제로 대두하였다.《조선 이순신전》은 한반도 남해안 항구의 지정학적 가치에 주목하면서 임진전쟁 당시 일본 수군의 실패를 혹독하게 비판하고 있다. 그럴수록 이순신은 홀로 일본 수군 전체와 맞서 나라를 구한 영웅으로 부각된다. 메이지 일본 해군은 이순신을 연구하고 가르쳤다. 육군 중심의 국방 전략에 맞선 해주육종론海主陸從論을 설파하는 데 이순신보다 좋은 본보기는 없었다. 자국의 필요에 의해서이기는 하지만 그러는 가운데 이순신을 새롭게 발견하게 되고, 자연스레 이순신을 경모하는 기운이 확산되었다.

일본인들에게 이순신이 알려진 것은 훨씬 이전부터의 일이다. 에도 시대에 군기물이 대중적 인기를 끌면서 임진전쟁을 다룬 군기물이 나오기 시작하였다. 이순신이 도요토미 히데요시의 '웅대한 꿈'을 좌절시킨 '적장'이었음에도 불구하고 수많은 군기물에서 이순신은 영웅의 모습으로 등장한다.

정작 우리는 이순신을 잘 모른다. 오래도록 관심을 두지 않았다. 그 당연한 결과일 것이다. 우리는 이순신이 어떤 모습일지조차 종잡지 못하고 있다. 당대의 초상화 한 점 남아 있는 게 없기 때문이다. 근세 들어 이순신을 그린 여러 점의 그림이 있고, 화폐며 우표 등에도 자주 등장하지만 그 모습은 모두 제각각이다. 표준 영정이라는 게 제정되기는 했지만, 실제의 이순신 모습과는 너무 맞지 않는다는 비판이 거세 재제작 논의가 한창이다.

이순신이 우리 역사상 가장 뛰어난 인물의 하나임에는 이론의 여지가 없을 것이다. 오늘의 독자들이 이순신을 객관적으로 이해하도록 하기 위해서는 객관적 자료에서 출발해야 한다. 그런 점에서 이 책은 주관성이 큰 글보다는 그림에 큰 비중을 두고 이순신의 모습을 복원하려 하였다. 우리나라의 옛 그림뿐 아니라 일본과 중국의 그림 자료까지 폭넓게 수집해 복원한 이순신의 모습이 어떻게 비칠지 자못 궁금하다. 적국 일본도 우러러 받들 수밖에 없었던 이순신 신화의 거대한 뿌리가 그저 만들어진 게 아님을 발견할 수 있을까?

참고문헌

강재언, 《조선통신사의 일본견문록》, 한길사, 2005.

강항(김찬순 옮김), 《간양록: 조선 선비 왜국 포로가 되다》, 보리, 2006.

고광섭·최영섭, 《우리가 몰랐던 이순신》, 북코리아, 2021.

국사편찬위원회, 《한국사》, 2013.

기타지마 만지(김유성 옮김), 《도요토미 히데요시의 조선침략》, 경인문화사, 2008.

김동철, 《우리가 꼭 한번 만나야 하는 이순신》, 도서출판 선, 2018.

김문길, 《임진왜란은 문화전쟁이다》, 혜안, 1995.

김시덕, 《그들이 본 임진왜란》, 학고재, 2012.

_____, 《그림이 된 임진왜란》, 학고재, 2014.

김자현(주채영 옮김), 《임진전쟁과 민족의 탄생》, 너머북스, 2019.

김종대, 《이순신, 신은 이미 준비를 마치었나이다》, 시루, 2015.

김준배, 《일본 문헌 속의 이순신 표상》, 민속원, 2022.

김태훈, 《이순신의 두 얼굴》, 창해, 2004.

나종우, 〈조선초기의 대왜구정책〉, 《중재장충식박사화갑기념논총》 역사편, 1992.

노성환, 〈교토의 귀무덤에 대한 일고찰〉, 동북아시아문화학회, 《동북아문화연구》 18, 2009.

도현신, 《장군 이순신: 난중일기를 통해 본 정도의 원칙》, 살림, 2013.

루이스 프로이스(양윤선 옮김), 《임진난의 기록: 루이스 프로이스가 본 임진왜란》, 살림, 2008.

미야케 히데토시(김세민 옮김), 《조선통신사와 일본》, 지성의샘, 1996.

박기봉 편역, 《충무공이순신전서》, 비봉, 2006.

박종평, 《이순신, 지금 우리가 원하는》, 꿈결, 2017.

박천홍, 《인간 이순신 평전》, 북하우스, 2005.

사토 데쓰타로 외(김해경 옮김), 《이순신 홀로 조선을 지키다》, 가갸날, 2019.

손승철, 《조선시대 한일관계사 연구》, 경인문화사, 2006.

신채호, 《수군제일위인 이순신전》, 책보요여, 2018.

윤승진, 《충무공 이순신 백의종군길 걷기 여행: 한국의 역사 순례길》, 지식과감성, 2020.

이미숙, 《400년 전의 도자기 전쟁: 임진왜란과 조선사기장》, 명경사, 2013.

이민웅, 《임진왜란해전사》, 청어람미디어, 2004.

_____, 《조선전기(15~16세기)의 수군 변천》, 순천향대학교 이순신연구소, 2010.

이분(김해경 옮김), 《작은아버지 이순신》, 가갸날, 2019.

이상,   《왜 일본은 한국을 침략할까》, 가갸날, 2020.

이순신(송찬섭 편역), 《난중일기》, 서해문집, 2014.

이순신역사연구회, 《이순신과 임진왜란》 1-4, 비봉출판사, 2004-2005.

이순신포럼 10주년기념사업단, 《이순신을 만나다》, 일월일일, 2019.

이영,   〈동아시아 국제질서의 변동과 왜구〉, 《한일관계사연구》 36, 2010.

이은상, 《태양이 비치는 길로》 상, 하, 삼중당, 1973.

이재범, 〈3포왜란의 역사적 성격에 대한 재검토〉, 《한일관계사연구》 6, 1996.

이종각, 《일본인과 이순신》, 이상, 2018.

이진이, 《이순신을 찾아 떠난 여행》, 책과함께, 2008.

이진희, 《한국과 일본문화》, 을유문화사, 1982.

이현종, 《조선전기대일교섭사연구》, 한국연구원, 1964.

이홍직, 〈임진왜란과 고전유실〉, 《한국고문화논고》, 1954.

임원빈, 《이순신 병법을 논하다》, 신서원, 2005.

정규홍, 《우리 문화재 반출사》, 학연문화사, 2012.

정두희 외, 《임진왜란 동아시아 삼국전쟁》, 휴머니스트, 2007.

정재정, 《서울과 교토의 1만년》, 을유문화사, 2016.

제장명, 《이순신 백의종군》, 행복한나무, 2011.

차문섭, 《조선시대 군사관계연구》, 단국대학교출판부, 1996.

케이넨(신용태 옮김), 《임진왜란 종군기》, 경서원, 1997.

한명기, 《임진왜란과 한중관계》, 역사비평사, 1999.

황현필, 《이순신의 바다: 그 바다는 무엇을 삼켰나》, 역바연, 2021.

シュタイシェン(吉田小五郎 訳), 《切支丹大名記》, 大岡山書店, 1930.

姜在彦,《玄界灘に架けた歴史》, 朝日新聞社, 1993.

名越二荒之助 編著,《日韓2000年の真実》, ジュピター出版, 1999.

武内確斎 著, 法橋玉山 画,《繪本太閤記》, 玉栄堂, 1797-1802.

三省堂,《新日本史》, 1973.

桑野英治,〈高麗・朝鮮王朝をめぐる國際環境と王權〉,《半島と列島のくにぐに》, 新幹社,
　　　1996.

惜香生,《朝鮮李舜臣伝: 文禄征韓水師始末》, 偕行社, 1892.

小笠原長生,《日本帝國海上權力史講義》, 海軍大學校, 1902.

伊藤亜人 外,《朝鮮を知る事典》, 平凡社, 1986.

佐藤鐵太郎,〈絶世の名海將李舜臣〉,《朝鮮地方行政》, 1927. 2.

中村榮孝,《日鮮關係史の研究》上, 中, 下, 吉川弘文館, 1965-1969.

＿＿＿＿,《朝鮮: 風土・民族・傳統》, 吉川弘文館, 1971.

参謀本部 編,《日本戰史・朝鮮役》, 偕行社, 1924.

秋里籬島,《絵本朝鮮軍記》, 京都書林・江戸書林, 1800.

片岡弥吉,《長崎の殉教者》, 角川書店, 1970.

鶴峰彦一郎 校正, 橋本玉蘭(歌川貞秀) 画図,《絵本朝鮮征伐記》, 萬笈閣, 1853-1854.

이미지 출처